KB007025

〈부자 탄생 시크릿〉에
보내는 찬사

"틸만의 메시지는 비즈니스를 하는 사람들만을 위한 것이 아니다. 리더십과 서비스 그리고 장단점 파악 등에 대한 그의 접근방식은 신입부터 임원에 이르기까지 모두에게 유용하다."

— **아트 아세베도**Art Acevedo
텍사스주 휴스턴시 경찰서장, MCCA(Major Cities Chiefs Association) 의장

"틸만은 단순히 사업만 잘 아는 게 아니라, 고객들이 원하는 게 무엇인지를 잘 알고 있다. 다른 사람들의 눈을 통해 세상을 보는 그의 남다른 능력 덕분이다."

— **마이클 밀켄**Michael Milken
밀켄 인스티튜트 회장

"페이지를 넘길 때마다 틸만의 소중한 목소리가 아주 분명히 들려와 성공하는 데 꼭 필요한 이야기들을 들려준다."

— 제임스 하든James Harden
NBA 휴스턴 로케츠 올스타, MVP

"틸만은 사업의 발전과 경영에 대해 아주 흥미로운 교훈들을 들려준다. 당신이 사업을 비약적으로 발전시키고 싶다면 이 책을 꼭 읽어야 한다."

— 스콧 켈리Scott Kelly
미 해군 퇴역 대령, 전 NASA 우주비행사

"이 책에서 틸만은 경쟁이 치열한 시장에서 성공하려면 어떻게 해야 하는지 자신이 알고 있는 비법들을 털어놓고 있다. 당신이 조그만 기업을 운영하고 있든, 아니면 수십억 달러짜리 스포츠 팀을 운영하고 있든 도움이 될 것이다."

— 애덤 실버Adam Silver
NBA 운영위원

"이 획기적이고 통찰력 넘치는 책에 담겨 있는 모든 교훈과 조언에 귀 기울여보라. 휴스턴대학교의 역사를 완전히 뒤바꿔놓았듯, 틸만은 당신의 삶 역시 완전히 뒤바꿔놓을 것이다."

— **레누 카토르**Renu Khator
휴스턴대학교 총장

"기업 소유주들에게 도움이 되는 책. 시대를 초월한 틸만의 이야기를 두고두고 다시 읽고 싶어질 것이다."

— **톰 브래디**Tom Brady
슈퍼볼 챔피언, 슈퍼볼 MVP, NFL MVP

"틸만은 이 책에서 모든 업계와 문화권을 아우르는 뛰어난 통찰력을 제시하고 있다. 그의 조언은 기업에서 당장 경영에 적용할 수 있어 실용적이다."

— **야오밍**Yao Ming
기업 임원, 전 휴스턴 로케츠 선수, NBA 올스타

"일단 이 책 속의 원칙들을 당신의 머릿속에 집어넣는다면, 당신은 성공이 무엇인지 알 수 있게 된다."

— **스테파니 룰**Stephanie Ruhle
MSNBC 앵커, NBC 뉴스 비즈니스 특파원

"나는 틸만의 독특한 사업 전략들이 먹히는 걸 여러 차례 봐왔다. 이 책에서 그는 자신의 전략들을 이해하기 쉽게, 또 어떤 사업에도 적용할 수 있도록 자세히 설명해주고 있다."

— 브라이언 설리번Brian Sullivan
CNBC 앵커

부자 탄생 시크릿

SHUT UP AND LISTEN!

Copyright © 2019 by Tilman Fertitta
Published by arrangement with HarperCollins Leadership, a division of HarperCollins Focus, LLC.

Korean Translation Copyright © 2023 by Booklogcompany
Korean edition is published by arrangement with HarperCollins Leadership
through Imprima Korea Agency

이 책의 한국어판 저작권은 Imprima Korea Agency를 통해
HarperCollins Leadership사와의 독점계약으로 북로그컴퍼니에 있습니다.
저작권법에 의해 한국 내에서 보호를 받는 저작물이므로
무단전재와 무단복제를 금합니다.

장사의 신을 넘어 비즈니스의 제왕으로

부자 탄생 시크릿

틸만 페르티타 지음 · 엄성수 옮김

시목 始木

일러두기

• 모든 각주는 옮긴이주이다.

당신이 이 책을 읽어야 하는 이유

짐 그레이 Jim Gray
스포츠 저널리스트, 기자, 프로듀서

나는 40년 넘게 인류 역사상 가장 위대한 운동선수들을 취재해 왔다. 무하마드 알리, 톰 브래디, 마이클 조던, 마이클 펠프스 등이 그들이다. 그들을 전 세계적인 아이콘으로 만든 요인은 성실과 헌신, 진실성, 지적 능력, 상상력, 뜨거운 가슴 등이었다.

똑같은 원칙이 사업에도 적용된다. 그래서 나는 당신이 왜 이 책을 읽고 있는지 그 이유를 알 것 같다. 아마 사업에 성공한 놀라운 한 인물에게 뭔가를 배우고 싶어서이리라.

틸만 페르티타 Tilman Fertitta 는 비즈니스 역사상 가장 큰 성공을 거둔 사람들 중 하나로, 이를테면 산 정상에 오른 사람이다. 당신이 만일 비즈니스에 몸담고 있는 사람이라면 틸만을 많은 호텔과 레스토랑 체인 그리고 카지노를 운영하는 사람으로 알고 있을 것이다. 혹은 CNBC 인기 리얼리티 쇼의 진행자로 알고 있을 수도 있다. 당신이 만일 스포츠 팬이라면 그를 NBA 소속 프로 농구팀인 휴스턴 로케츠의 구단주로 알고 있을 것이다. 아니면 휴스턴대학교 평위원회 위원장을 역임하면서 각종 스포츠 기관과 운동 프로그램을 만드는 일을 하는 인물로 알고 있을 수도 있다.

혹시 나처럼 틸만을 잘 알고 있다면, 그가 35년 전쯤 처음 식당을 오픈할 때와 마찬가지로 지금도 아주 큰 열정과 에너지로 다양한 사업들을 운영하고 있다는 사실을 알 것이다. 엄청난 성공을 거두었음에도 불구하고, 그의 놀라운 추진력은 지금도 처음 사업을 시작한 때나 전혀 다를 바가 없어 보인다.

함께 일해보면 금방 알 수 있는 사실이지만, 틸만은 성공적인 사업을 시작하고 관리하는 데 필요한 게 무엇인지 너무나도 잘 아는 사람이다. 현실에 안주하는 법이 절대 없으며 자신의 고객들에게 제공하는 서비스에 관한 한 아무리 사소한 부분에도 소홀함이 없다. 그는 함께 일하는 사람들에게 어떻게 동기부여를 해야 하는지도 잘 알고 있으며 모든 부분에서 늘 솔선수범한다. 또한 사람들에게 자신감을 심어주고 권한을 주어 최선을 다하게 해준다. 그는 그 누구보다 자신을 신뢰하며, 그래서 주변 사람들을 신뢰할 수 있다. 사실 당신이 도움을 받을 수 있는 사람들 가운데 틸만만큼 사업에 성공하는 데 필요한 게 무언지를 잘 알고 있는 사람도 드물며, 이것이 이 책을 추천하는 이유다.

이 책《부자 탄생 시크릿》에서 틸만은 독자들이 좋아할 만한 아주 직설적이면서도 유머러스한 스타일로 자신에게 그렇게 큰 성공을 안겨준 비법을 공개하고 있다. 또한 그는 사업하는 사람들이 빠지기 쉬운 일반적인 맹점들을 보여준다. 들어가는 글에 "당신은 자신이 무엇을 하고 있는지 잘 안다고 생각하겠지만, 사실 당신은 자신이 무엇을 모르고 있는지 잘 모른다."라는 말이 나온다. 이런 말을 할 수 있는 사람이 얼마나 될까? 그가 했기에 받아들일 수 있는 말이다.

이 책은 어떻게 사업을 해나갈 수 있는지, 또 어떻게 틸만처럼 성공한 기업가의 대열에 합류할 수 있는지 그 비법과 전략을 일목요연하게 공개하고 있다. 이 책에서 틸만이 제시하고 있는 지혜와 실행 가능한 방법들은 획기적이면서도 아주 강력한 조합으로, 그 어떤 분야에서 일하는 사람이든 사업을 해나가며 오랜 시간 동안 그 가치를 절감하게 될 것이다. 사업을 막 시작했거나, 자신의 사업을 더 큰 규모로 키우고 싶거나, 혹은 조직생활을 하는 데 있어 도움을 받고자 하는 모두에게 이 책을 강력히 추천한다.

차례

추천의 글 **당신이 이 책을 읽어야 하는 이유** — 9
감사의 글 **나의 사람들에게** — 16
들어가는 글 **성공하고 싶다고? 그럼 닥치고 들어!** — 18

Part 1 고객 응대가 사업의 성패를 가른다

Chapter 1 **이토록 고객 응대가 중요한 이유** — 28
친절, 친절, 그리고 또 친절 — 31
인정사정없는 고객들 — 33
고객 응대는 곧 차별화다 — 38
수습 불가능한 실수는 없다 — 40

Chapter 2 **당신의 사전에서 '노'를 지워버려라** — 47
'노'의 치명적인 대가 — 48
할 수 없는 것 vs 하지 않는 것 — 49
'노'를 '예스'로 바꾸는 방법 — 52

Chapter 3 **대중을 고객으로 끌어들여라** — 55
당신의 생각은 중요하지 않다 — 55

고객이 진짜로 원하는 것 ― 57
고객 확장을 위해 창의력을 발휘하라 ― 58

Part 2 당신이 반드시 알아야 할 숫자

Chapter 4 **운전자본에 대하여** ― 67
운전자본의 개념 ― 69
현금을 확보하면 기회가 찾아온다 ― 72
샴페인은 나중에 터뜨릴 것 ― 77
현금 확보 시나리오 ― 79

Chapter 5 **부동산의 함정** ― 85
부동산이 당신의 발목을 잡을 때 ― 86
유리하게 계약하는 전략 ― 88

Chapter 6 **숫자, 숫자, 숫자** ― 92
숫자도 모르면서 ― 93
숫자를 '제대로' 안다는 것 ― 96
어떤 숫자가 중요한가 ― 98

Part 3 95대 5의 법칙: 당신의 5는 무엇인가?

Chapter 7 **당신의 '5'를 알아내는 법** ― 105
5퍼센트를 어떻게 찾아내는가 ― 106

5퍼센트는 누가 대신 찾아주지 않는다 — **108**

5퍼센트는 당신 손에 달렸다 — **113**

Chapter 8 **당신의 특장점은 무엇인가** — **117**

너 자신을 알라 — **118**

특장점을 어떻게 강화할 수 있을까 — **120**

Chapter 9 **마지막 '5'는 사람에 달렸다** — **124**

친구와 사업을 하지 말아야 하는 진짜 이유 — **125**

지피지기면 함께 일할 사람이 보인다 — **127**

Part 4   기회를 잡는 비법

Chapter 10 **하늘이 무너졌을 때 기회가 온다** — **135**

갑작스레 들이닥친 불황 — **136**

5년의 유예 기간 — **138**

절대 포기하지 말고 현금을 축적하라 — **141**

세상을 꿰뚫는 안목을 키워라 — **143**

Chapter 11 **홈런보다 1루타** — **147**

자잘한 꿈이 모여 큰 목표를 이루다 — **149**

거래를 쫓지 말고 거래를 리드하라 — **153**

Chapter 12 **배부름을 잊어버려라** — **157**

무엇이 가난한가 — **158**

열정적인 사람을 모아라 — **161**

굳세게 앞으로 나아가라 — **162**

Part 5 리더십에 대하여

Chapter 13 **리더의 의사소통 기술: 귀 기울여 들어라** — **171**
누구의 말을 어떻게 들어야 하는가 — **173**
직선적으로 말하고 들어라 — **176**
짧게, 효율적으로 — **180**
가장 좋은 의사소통은 행동이다 — **181**

Chapter 14 **위대한 리더는 위대한 스승이다** — **186**
무엇을 가르쳐야 하는가 — **190**
어떻게 가르쳐야 하는가 — **193**
최고의 교육은 맨투맨이다 — **194**

Chapter 15 **위대한 리더가 변화를 이끈다** — **200**
무시하거나 따라가거나 일으키거나 — **201**
무엇이 옳은 변화인가 — **207**
변화와 리더십 — **210**
간단하게 생각해, 멍청아! — **213**

결론 **기권은 기권하고 계속 펀치를 날려라** — **216**
나가는 글 **"자, 이제 무엇을 해야 할까?"** — **230**
스페셜 섹션 사람들이 말하는 '틸만 페르티타' — **236**

나의 사람들에게

내 가족들의 도움이 없었다면 이 책을 쓸 수 없었을 것이다. 부모님, 빅과 조이, 페이지, 블레이크 그리고 형제들인 제이와 토드에게 감사한다. 내 가족들은 늘 이 책에 나오는 모든 이야기를 귀에 못이 박히게 들었다.

패트릭 페르티타, 마이클 페르티타, 스티브 셰인탈, 댄시에 웨어, 멜리사 라도비치, 그리고 대쉬 콜하우센 등 이 책을 집필하고 편집하는 과정에서 더없이 소중한 의견을 준 사람들에게 감사한다. 편집자 라발리 라베테는 이 책의 촉매자로서, 이 책을 성공작으로 만들기 위한 모든 단계에 함께했다.

리치 핸들러, 데이브 잭킨, 마크 켈리, 스콧 켈리, 마이클 밀켄, 레누 카토르 박사 등 일부러 시간을 내어 이 책의 집필에 참여한 친구들과 동료들에게 감사의 말을 전한다.

마지막으로 나의 기업들인 랜드리스, 골든 너겟 카지노&호텔,

휴스턴 로케츠의 직원들에게 감사한다. 그들의 헌신적인 노력이 없었다면 오늘날의 내 조직을 건설할 수도 없었을 것이고, 이런 책을 쓸 일도 없었을 것이다. 나는 종종 우리 조직에 그렇게 많은 장기 근속자들이 있다는 게 얼마나 큰 행운인지 모른다고 자랑하곤 한다. 특히 다음 중역들에게 감사의 말을 전하고 싶다. 모두들 거의 20년간 나와 함께해온 사람들이다.

앤디 알렉산더, 줄리 리벨트, 키스 베이틀러, 릭 리엠, 제프 캔트웰, 스콧 마셜, 케리 카, 마크 몬스마, 하워드 콜, 돈 라코스키, 게리 델 프레테, 켈리 로버츠, 론다 디폴리스, 케이시 루이즈, 짐 더폴트, 리처드 플라워즈, 폴 슐츠, 사흐 가니, 린 스몰, 스티브 그린버그, 데나 스태그너, 니키 키난, 스테파니 탈렌트, 베렛 멜러먼, 카림 타미르, 로리 키틀, 테리 터니, 제임스 크래머, 팀 휘트록

나와 아주 오랜 세월 함께해온 다른 수백 명의 직원들을 일일이 다 적을 공간이 없는 게 아쉽지만, 이 페이지에 적히지 않은 다른 모든 직원들에게도 그 헌신적인 노력에 감사의 말을 전하고 싶다.

성공하고 싶다고? 그럼 닥치고 들어!

　당신이 만일 현재 사업을 하고 있거나, 앞으로 사업을 시작하고 싶거나, 조직 내에서 승진을 하고 싶다면, 제대로 찾아왔다. 자, 이제 어떻게 해야 사업을 잘할 수 있을 것인지 실현 가능한 방법을 알려줄 테니 아무 말 말고 귀 기울여보라.

　내 이름은 틸만 페르티타이다. 《포브스 Forbes》지에서 발표하는 '미국 400대 부자 리스트'에 따르면, 나는 3억 2,720만 명의 미국인들 중 153번째로 부유한 사람이다. 사람들은 종종 나를 '세계에서 가장 부유한 요식업계 사업가'라 부른다. 이 책을 읽는 독자들 중에는 아마 마스트로스 Mastro's, 모턴즈 스테이크하우스 Morton's The Steakhouse, 레인포레스트 카페 Rainforest Cafe, 차트 하우스 Chart House, 부바 검프 슈림프 컴퍼니 Bubba Gump Shrimp Co., 랜드리스 시푸드 하우스 Landry's Seafood House, 솔트그래스 스테이크 하우스 Saltgrass Steak House 를 비롯한 내 식당 브랜드나 기타 콘셉트 식당들이 낯익은 사람들도 있을 것이다. 나는 60종류가 넘는 레스토랑 체인 브랜드, 600개가 넘는 레스토랑을 소유하고 있다. 그러나 내 사업 분야는 요식업에서 그치지 않는다. 페르티타 엔터테인먼트의 설립자이자 단독 소유주로 많은 식당들을 비롯해 호텔, 놀이공원, 아쿠아리움 등을 경영하고 있다. 뿐만 아니라 사업가들 사이에서 '황금알을 낳는 거위'라 불리는 5개의 골든 너겟 카지노&호텔 ^{Golden Nugget Casino&Hotel} 도 소유하고 있다. 그게 다가 아니다. CNBC에서 방영하는 〈빌리언 달러 바이어 ^{Billion Dollar Buyer *}〉란 이름의 리얼리티 쇼도 진행하고 있다.

혹시 당신이 프로 농구 팬이라면 잘 알겠지만, 나는 NBA 프로농구팀 휴스턴 로케츠의 구단주이기도 하다.

텍사스주 케이티에서 식당 일을 시작한 이래 정말 먼 길을 왔다. 이 책에서 나는 내가 전 세계적인 엔터테인먼트·요식업·접객업 제국을 건설하는 데 활용한 아이디어와 전략들을 여러분과 나누고자 한다.

그러기에 앞서 먼저 경고하고 싶다.

---

*   틸만은 이 쇼의 진행자로, 소기업 두 곳을 방문하여 상품과 서비스 및 재무상황을 파악한 후 사업 개선을 위한 조언을 한다. 틸만의 조언을 더 잘 이행한 기업은 틸만의 기업들과 제휴할 수 있는 기회가 주어진다. 2020년 시즌4까지 방영했다.

나는 나의 비즈니스에 대해 걱정하는 걸 절대 멈추지 않는다.

당신도 그냥 나처럼 하라.

왜?

비즈니스를 비롯한 삶의 모든 영역이 거의 다 그렇지만, 늘 예기치 않은 장애물이 나타나기 때문이다.

그리고 그 장애물이 언제 어디서 올지 전혀 알 길이 없다.

적어도 나는 그렇게 생각한다. 모든 게 잘 풀리고 있고 당신이 모든 걸 잘 알고 또 장악하고 있다고 생각한다 해도, 절대 잊지 마라. 지금 이 순간에도 어디선가 장애물이 다가오고 있다.

우리 앞에 도사리고 있는 장애물들은 사업이 발전하거나 성공하는 걸 방해하려 한다. 그 장애물들은 형태도 다양하다. 다른 기업이 더 나은 제품이나 서비스를 가지고 등장할 수도 있다. 법적 소송에 휘말릴 수도 있다. 경기가 침체될 수도 있다. 믿고 거래해온 은행이 갑자기 대출을 거부할 수도 있다. 새로운 정부 규정들이 적용될 수도 있다. 컴퓨터가 해킹을 당할 수도 있다. 게다가 요즘에는 해외에서나 국내에서나 테러를 당할 걱정을 한다 해도 터무니없는 일은 아니다.

뭔가 부정적인 일이 터졌을 때 당신이 할 수 있는 최선의 일은 신속히 행동에 나서 피해를 최소화하는 것이다. 그러나 그 전에, 다시 말해 일이 터지기 전에 두 눈을 부릅뜨고 있어야 한다. 걱정하고 예측하고 계획하고 사전 대책을 세워야 한다. 왜? 사업을 성공적으로 해나가는 데 필요한 많은 역할과 기술들을 습득한다 해도, 동시에 사각지대에서 갑자기 예기치 않은 장애물이 나타날 수 있기 때문이다.

사람들은 종종 내게 이런 질문을 한다. "무엇이 두려우십니까?" 그러면 나는 두려워하는 건 전혀 없고 단지 모든 것을 '걱정'한다고 말한다. 이는 내가 진행하는 〈빌리언 달러 바이어〉에 출연하는 기업가들, 업계 리더들, 학생들, 그리고 내 직원들에게 이야기하는 중요한 메시지 중 하나다. 현재 상태에 안주하려 하거나 지나친 자신감을 가지면 아주 중요한 세부 사항들을 간과하거나 지나치게 되는 경우가 많다. 기업가들이 열을 올려가며 아주 매력적인 자신들의 제품에 대해 설명할 때조차, 나는 그들의 사업에 안 좋은 영향을 줄 만큼 부족하거나 걱정해야 할 분야가 있다고 생각한다.

자, 내 말이 무슨 말인지 알았다면 그 다음 단계는 간단하다.

닥치고 들어라!

나는 이 책을 읽고 있는 당신과 공유하고 싶은 게 많다. 그리고 귀만 기울여준다면 도움이 될 만한 말들을 얻을 것이다.

이 책은 총 5부로 나뉘며, 각 부에는 사가지대에 숨어 당신의 사업에 치명적인 타격을 입힐 수 있는 핵심 분야에 대한 이야기를 담고 있다. 각 주제를 순서대로 소개하자면 다음과 같다.

1. 고객 응대
2. 숫자
3. 95대 5의 법칙
4. 기회
5. 리더십

이 주제들을 중심으로 나는 사업을 다음 단계로 끌어올리는 데 도움이 될 전략과 아이디어들을 제공할 것이다. 그리고 만일 뭔가 강조하고 싶을 중요한 사항이 있을 경우 '들어라!^{Listen}'에서 더 자세히 서술할 것이다.

사업에 관한 한, 늘 당신의 제품과 당신의 경쟁력과 당신 자신을 현실적으로 보는 게 중요하다. 그리고 늘 당신이 하는 모든 일, 모든 결정에 대해 제대로 알고 있어야 한다. 이 책에서 나는 당신이 자신의 장점과 단점을 좀 더 잘 분석하고 또 자신이 해야 하는 조치들에 대해 더 잘 이해할 수 있게 도울 것이다. 그러니 이 책을 읽으며 잘 모르는 모든 것들, 그리고 모르는 것들을 해결하기 위해 할 수 있는 일들에 대해 스스로 솔직해져야 한다.

당신은 자신이 무엇을 하고 있는지 잘 안다고 생각하겠지만,
사실 당신은 자신이 무엇을 모르고 있는지 잘 모른다.

나는 이 책에서 내 사업에 적용한 더없이 명쾌한 전략과 아이디
어들을 나눌 것이며, 독자 역시 그런 전략과 아이디어들을 활용할
수 있게 도울 것이다. 이제 막 사업을 시작했든 아니면 사업을 시작
한 지 몇 년 됐든, 이 전략과 아이디어들은 당신이 원하는 큰 성공
을 거두는 데 도움이 될 것이다.

이 책의 각 장 마지막에는 이른바 '틸만의 목표'를 실어놓았다.
해당 장에서 다룬 요점을 보기 쉽게 간단히 요약해둔 것이라고 보
면 된다. 핵심 개념을 재확인하고 싶을 때 편할 것이다.

또한 '사람들이 말하는 틸만 페르티타'라는 제목의 꼭지에 여러
사람의 이야기를 모아놓았다. 내가 어떤 사람이고 또 내가 성공하
기 위해 그간 어떤 일들을 했는지에 대해, 내 친한 친구들의 목격담
과 나에 대한 평가를 읽게 될 것이다.

이 책은 무슨 교과서가 아니다. 잘 나갈 때든 힘겨울 때든, 30년
간 사업을 하며 내가 사용해온 사업 선략들을 모은 책이다. 뒤에서

이야기하게 되겠지만 나는 온 세상이 끝나는 것 같았던 힘겨운 날들을 지나왔다. 하지만 이 책에 담긴 사업 전략과 아이디어들 덕에, 링 위로 타월을 집어던져 포기하는 게 가장 쉬워 보였던 순간들을 잘 넘겨왔다.

이 책에서 내가 알려주고자 하는 콘셉트들은 나의 성공에 큰 도움이 되었다. 사업에는 오스카상도 그래미상도 없고 프로 볼Pro Bowl*도 없지만, '미국 400대 부자 리스트'가 있고 나는 거기에 이름을 올렸다. 당신이 어떤 사업을 하고 있든, 이 책에서 소개하는 나의 사업 전략과 아이디어들은 당신에게도 도움이 될 것이다. 사업을 해서 돈을 벌고 싶은가? 그렇다면 이 책을 끝까지 읽도록 하라.

나는 제법 큰 성공을 거뒀음에도 불구하고 매일매일 어떤 장애물이 나타나 내 사업을 망치지 않게 조심 또 조심한다. 가벼운 타격들은 감수할 수 있지만, 결정적인 큰 타격은 받고 싶지 않다.

당신 또한 마찬가지일 것이다.

그래서 더없이 좋은 의미로 다음과 같은 말을 해주고 싶다.

"닥치고 들어라!"

자, 이제 시작해보자.

---

*   미식축구 올스타전.

고객 응대가
사업의 성패를
가른다

Hospitality

성공한 사업은 공통적으로 다양한 형태의 '고객 응대^{Hospitality}'에 그 토대를 두고 있다.

문제는 많은 기업가들이 그 사실을 알지 못한다는 것이다. 그러면 당연히 고객 응대에 필요한 만큼의 관심을 기울일 수 없게 된다.

고객 응대는 당신 사업의 성공과 실패를 가르는 모든 것이다. 1부에서 나는 고객 응대에는 어떤 것들이 포함되는지, 왜 고객 응대가 당신의 사업에 그리 중요한지, 고객 응대를 하지 못하게 가로막는 장애물들을 어떻게 극복할 것인지, 어떻게 해야 예외 없이 계속 적절한 고객 응대를 할 수 있을지에 대해 설명하도록 하겠다.

이토록 고객 응대가 중요한 이유

우리 모두 그런 경험이 있다.

우리를 미치고 환장하게 만드는 경험 말이다.

이런 일은 실제로 우리에게 일어난다. 그것도 아주 자주.

오전 11시 2분, 당신은 방금 전까지 중요한 미팅에 참석했다가 나왔다. 아니면 이제 막 공항에서 나왔다고 치자. 아무튼 당신은 배가 고프고, 스크램블드에그가 먹고 싶어 한 식당에 들어간다. 그런데 식당 종업원으로부터 다음과 같은 말을 듣게 될 수 있다. 자, 어떤 말일까?

"죄송합니다만 아침식사는 11시에 끝났는데요."

"계란 요리는 아침식사 시간에만 나옵니다."

"주방에선 이제 점심 준비 중인데요."

"아, 손님, 15분만 일찍 오셨으면 좋았을 텐데요……."

이런 말이 누구의 입에서 어떻게 나오든, 바닥에 깔린 메시지는 같다.

어쩔 도리가 없다는 것.

앞서 말했듯 누구나 이런 경험이 있다. 그리고 역시 앞서 말했듯, 이런 경험은 사람을 미치게 만든다. 당신이 지금 식당 주방에 대고 와플이나 팬케이크를 만들어달라는 게 아니며, 조리하기 까다롭고 복잡한 에그 베네딕트를 만들어달라는 건 더더구나 아니다. 그렇다고 베이컨을 추가 주문하는 것도 아니다. (그런데 생각해보면 어차피 주방에는 베이컨이 좀 있을 것이다. 그러니 클럽 샌드위치 같은 걸 만들어줄 수 있는 것 아니겠는가?)

당신이 바라는 건 그저 주방 안의 누군가가 프라이팬을 집어 들어 버너 위에 올린 뒤 계란을 휙휙 휘저어 스크램블드에그를 좀 만들어주는 것뿐이다. 그런데 식당 종업원은 당신이 마치 북경에서 전문 요리사를 논스톱 비행기로 모셔와 북경오리를 요리해달라고 우기기라도 하는 것처럼 당신을 응대하고 있다.

이런 상황에서 당신은 어떻게 할 것인가? 그런 종업원을 붙들고 달걀 두 개만 프라이팬에 넣으면 되는 거 아니냐며 언쟁을 벌일 수도 있다. 혹은 그냥 어깨를 으쓱해 보이고 점심 메뉴 좀 보자고 할 수도 있다.

아니면 스크램블드에그를 먹을 수 있는 다른 식당을 찾아보기 위해 그냥 나가버릴 수도 있다. 식당은 제 발로 걸어온 손님을 눈앞에서 놓쳐버렸다.

그래서 이런 일이 절대로 일어나선 안 되는 것이다.

그러나 이런 일은 여러 형태로 비일비재하게 일어난다.

꼭 물어봐야 할 게 있어 철물점에 전화를 했는데, 모두들 바쁘다며 "다시 전화 주실래요?" 하는 말만 들을 수도 있다.

아니면 백화점에서 특정 지갑이 있느냐고 물어봤는데 "아뇨." 하는 말을 들을 수도 있다. 다른 비슷한 제품을 보여드리면 어떻겠느냐는 제안조차 없이 그냥 딱 잘라 "아뇨."

의사가 잠시 시간을 내어 검사 결과를 설명해줄 수 있을까? 아마 이런 말만 듣게 될 것이다. "예약을 하세요."

내가 볼 때는 이 모든 게 고객 응대의 문제다. 그리고 어떤 사업 분야에서든 가장 중요한 것이 바로 고객 응대다.

친절, 친절, 그리고 또 친절

고객 응대의 정의는 간단하다. 고객을 대하는 방식이다. 그 이상도 이하도 아니다. 당신은 고객에게 어떻게 대하는가? 고객의 요구에 어떻게 응하는가? 그리고 융통성을 발휘할 능력(그리고 의향)은 있는가?

고객과 상호작용을 하는 궁극적인 목표는, 고객으로 하여금 이세상에서 자신이 당신의 유일한 고객인 것 같은 느낌을 갖게 해주는 것이다. 왜? 내가 평소 내 직원들에게 말하듯, '스페어 고객' 즉당신을 위해 대기하는 예비용 고객이란 건 없기 때문이다.

이 모든 것은 내가 거의 매일 강조하는 다음과 같은 경험 법칙으로 요약될 수 있다.

'친절하게 대하는 데는 돈이 안 든다.'

생각해보라. 당신이 레스토랑 주인이든 공격적인 사업가든, 고객 한 사람 한 사람에게 친절하게 대하는 데 무슨 비용이 드나? 물론 들지 않는다! 친절하게 대하는 데는 비용이 전혀 안 든다. 그러나 같은 이유로 고객에게 무례하게 대할 경우 아주 비싼 대가를 치를 수도 있다.

모든 건 고객과 이야기하는 방법에서 시작된다. 그렇다고 무슨특별한 말이나 마법의 주문 같은 걸 외울 필요는 없다. 원칙은 간단하다.

고객과 이야기할 때는 전적으로 상대방 입장에 서서 대화하라. 고객이 원하는 게 뭔지, 그러니까 제품이나 서비스를 사면서 얻고 싶은 게 뭔지에 대해 고객 스스로 말하게 하라. 불만을 토로하고 싶어 한다면 그냥 들어라. 무엇보다도 고객은 자기 말을 들어주기 바란다. 고객으로 하여금 이 세상에서 자신이 당신의 유일한 고객인 것 같은 느낌을 갖게 해주려 노력하는 중이니, 실제로 그렇게 행동하라. 어떤 한 고객을 응대하는 순간에는, 다른 그 누구도 다른 그 무엇도 그 고객만큼 중요하지 않다.

그런데 친절하게 대한다는 것이 종종 세상에서 가장 쉬운 일이 아닐 수도 있다. 출근 직전에 배우자나 애인이 뭔가 속 뒤집는 얘기를 했을 수도 있다. 아니면 당신의 삶에 뭔가 문제가 생겨, 고객 한 사람 한 사람에게 다 밝고 친절하게 대한다는 게 너무 힘들 수도 있다. 사업 관점에서 볼 때 얼마나 타당한 말인지 모르겠으나, 아무튼 그럴 때가 있다.

이럴 경우 간단한 해결책이 있다.

행복을 연출하라!

겉으로라도 행복한 척하라는 말이다. 고객을 대하는 순간에 삶의 다른 문제들 때문에 아무리 마음이 안 좋거나 걱정이 많다 해도, 지금은 일을 하고 있다는 것을 기억하라. 그러니 젖 먹던 힘까지 다 짜내 행복한 분위기를 연출해야 한다.

이는 내가 그 많은 사업을 해오면서 정립한 경험 법칙이다. 당신이 혹 나의 기업들 중 하나에 들어와 나와 함께 일한다면, 필요하다면 언제든지 행복을 연출해야 한다. 앞서도 말했듯 당신 개가 300달러짜리 신발을 잘근잘근 씹어버렸든 아니면 당신이 퇴근 후 당신 아이의 학교 교장과 면담해야 하든, 그런 건 그 누구도 개의치 않기 때문이다. 그게 현실이다.

내가 운영하는 기업들에서 이 법칙이 늘 고수되는 이유는, 중요한 것은 고객 경험뿐이기 때문이다. 내가 종사하는 분야는 고객 응대가 필요한 분야로서 고객에게 늘 친절해야 한다.

그리고 당신이 구체적으로 어떤 일을 하고 있든, 당신 역시 고객 응대가 필요한 분야에 몸담고 있다.

인정사정없는 고객들

제대로 된 마무리는 고객 응대의 또 다른 측면이다. 예를 들어 어떤 제품을 13일 3시까지 배달해주겠다고 약속했다면, 정확히 그 시간에 배달을 마쳐야 한다. 배달 완료 예정 시각을 몇 분 앞두고 고객에게 전화를 걸어 배달이 예정일보다 사흘 늦어질 거라는 식으로 말하면 안 된다. 특히 배달 완료 예정 시각이 지난 뒤 전화해 배달이 훨씬 더 늦어질 거라는 식으로 말하지 않아야 한다(예정 시각이 지났다는 건 고객도 이미 알고 있다).

보다 중요한 것이 있다. 절대 변명하지 마라. 바로 앞의 배달을 다시 예로 들자면, 배달이 지연되는 걸 설명하기 위해 구구절절 설명하면 안 된다는 뜻이다. 배송 기사의 아이가 갑자기 아파서 아이를 데리러 학교에 가야 했다는 사실에 관심 있는 사람은 아무도 없다. 너무 비정한 얘기처럼 들릴지 모르지만, 당신한테 뭔가를 주문하는 사람 가운데 당신의 친인척이 죽었다는 사실에 관심 있는 사람은 아무도 없다.

배송 기사의 아이가 아픈 건 유감이다. 당신 친인척의 사망에 조의를 표한다. 그러나 어떤 제품을 주문한 고객이 지금 관심 있어 하는 건 단 하나, 자신이 기다리는 그 어떤 것(아마도 아주 중요한)이 어느 날 어느 시각에 도착할 거라는 말을 들었고, 그것이 계획대로 도착하지 않는다는 사실뿐이다.

누구나 갑자기 아이가 아플 수 있다. 사랑하는 사람이나 친척이 세상을 떠날 수도 있다. 개인적인 문제들은 매일매일 일어난다. 그건 당신도 알고 나도 안다. 그러나 늘 일어나는 그런 종류의 문제와 예측 불가능한 일들이, 고객과의 약속에 영향을 끼치지 않아야 한다. 삶이 그런 식으로 돌아가지 않는다면 사업은 훨씬 쉽겠지만, 삶은 그런 식으로 돌아간다.

이런 문제를 방지하고 해결하는 간단한 방법이 있다. 늘 만일의 경우를 생각해놓는 것이다. 그러니까 고객과 약속을 할 때 뭔가가 잘못될 수도 있고 아니면 뭔가 일이 생겨 약속을 지키지 못하게 될 수도 있다는 걸 감안하는 것이다. '~하면 어쩌지?' 하는 최악의 시나리오를 그려보라. 날짜를 너무 딱 맞추지 말고, 스스로 약간의 여유 시간을 추가하여 일정을 짜는 것이다.

나는 일정을 짤 때 신중에 신중을 기한다. 그리고 약속을 할 때도 너무 먼 '미래의' 일정을 잡는 건 되도록 피한다. 그러니까 2주일 내지 한 달 뒤의 너무 먼 일정은 절대 잡지 않는 것이다. 이 두 가지 전략을 적절히 사용하면, 약속이 도래하기 전에 어떤 일이 생긴다 해도 또 다른 해결책을 찾을 수 있는 적절한 시간적 여유를 확보할 수 있다. 융통성을 갖는 동시에 약속을 반드시 지킬 수 있게 되는 것이다.

그 결과 당신은 윈-윈 게임을 할 수 있게 된다. 계획한 대로 제품을 배달하거나, 아니면 심지어 고객에게 전화해 제품을 예상보다 일찍 배달할 수 있게 됐다고 말할 수 있다.

혹여 고객한테 너무 늦다고 느껴지는 배달 일정을 제안했었다면, 이제 그럴 수밖에 없었던 이유를 설명해줘도 좋다. 이건 변명이 아니라 설명이다. 그리고 고객의 입장에서 받아들이기에, 배달이 지연된 뒤 변명을 늘어놓는 것보다 뭔가가 도착하는 데 시간이 오래 걸린 이유를 설명하는 편이 더 낫다. 변명을 늘어놓는다는 것은 결국 당신이 약속대로 배달해주지 못한 것에 대해 고객에게 용서를 구하는 것이나 같다.

일정을 짤 때 만일의 경우에 대비해 몇 시간 또는 며칠의 여유를 두어라. 그렇게 잡은 약속은 하늘이 무너져도 지켜야 한다.

모든 게 계획대로 풀리지 않을 때도 많을 것이다. 배달이 늦어질 수도 있고, 고객 입장에서 무언가가 완전히 만족스럽지 않을 수도 있다. 어떤 식으로든 고객에게 그런 실수를 하는 것은 대단히 심각한 문제다.

요식업계나 접객업계에서는 재량권을 발휘할 수 있는 일이 많다. 예를 들어 나의 식당에서 다섯 명이 한 테이블에서 식사를 하게 됐는데 실수로 주문이 늦게 들어가는 바람에 한 사람이 나머지 사람들보다 10분 늦게 식사를 하게 됐다면, 나는 그 사람의 식사를 무료로 제공하기도 한다. 또한 나의 호텔이나 리조트에 머물다가 부정적인 경험을 하게 될 경우, 나는 그 사람에게 하룻밤 무료 숙박 서비스를 제공함으로써 잃었던 점수를 되찾기도 한다.

물론 이런 경우 균형 잡힌 조치가 필요하다. 예를 들어 50달러를 쓴 고객이 만족하지 못한 경우, 그걸 보상하기 위해 그 고객에게 300달러 상당의 뭔가를 제공하진 않는다. 그건 균형 잡힌 조치가 아니라 지나치게 과장된 사과다. 잘못된 걸 바로잡는 과정에서 무심코 실제보다 지나치게 큰 보상을 해주면 안 된다.

혹은 불만을 제기하는 고객 쪽에서 불합리한 주장을 할 때도 있다. 예를 들어 식당에서 스테이크를 주문해 다 먹고 난 뒤 고기가 너무 익었다고 항의하는 고객이 있을 수 있다. 그런 고객의 경우 어떤 생각이 들든 일단 예를 갖추고 친절히 대하라. 그런 다음 그 고객에게 접시를 깨끗이 비웠다는 사실을 상기하라. 그 고객이 좀 더 일찍 불만을 이야기했더라면, 스테이크를 바꿔주거나 혹은 다른 어떤 조치를 취할 수 있었을 것이다. 하지만 그가 스테이크를 모두 먹었기 때문에, 당신 입장에서는 스테이크가 더없이 괜찮았다는 결론을 내릴 수밖에 없다. 그렇다면 당신이 할 수 있는 일은 아무것도 없다는 설명을 해주는 동시에 깍듯하면서도 균형 잡힌 태도를 유지하면 된다.

말하자면 고객에게 과감히 '노'라고 하라는 것일까? 어떤 면에서는 그렇다. 이 경우에는 그게 당연한 반응이며, 이치에 맞는 유일한 비즈니스 응대이다.

당신이 해야 할 일은 적절한 질문들을 하고, 고객이 내놓는 답에 따라 적절히 대처하는 것이다. 고객은 상대가 자신의 말에 귀 기울이고 있다는 걸 확인받고 싶어 한다. 문제가 커져 괴물로 변하기 전에 최대한 빨리 해결하라.

구체적으로 어떤 조치를 했든, 가장 중요한 것은 고객으로 하여금 특별한 대우를 받는다는 느낌을 받게 하는 것이다. 고객이 '나는 특별한 사람'이라는 느낌을 받게 하는 것이다. 그리고 그런 느낌을 받은 고객은 자신의 친구들에게 자신이 경험한 제품 혹은 서비스에 얼마나 만족하는지를 말해줄 것이며, 결과적으로 당신에게 더 큰 사업상의 기회를 가져다줄 것이다.

고객 응대는 곧 차별화다

이토록 고객 응대가 중요한 이유가 대체 무엇이냐고? 그 누구의 제품도 그리 대단하지 않기 때문이다. 그 누구의 제품도 다른 제품들과 비교도 안 될 만큼 좋지는 못하다. 당신의 제품이 완벽하게 좋을 수도 있지만, 역시 완벽하게 좋은 다른 많은 제품들과 경쟁을 해야 한다. 그게 사업의 현실이다.

그 치열한 경쟁 속에서 당신의 제품을 다른 제품들과 차별화시키는 게 바로 1년 365일 내내 고객이 원하는 것과 필요로 하는 것에 관심을 쏟는 것, 즉 제대로 된 고객 응대를 하는 것이다. 같은 제품이 두 가지 있다고 치자. 하나는 약속한 시간에 배달됐고, 다른 하나는 하루 늦게 배달됐다. 고객 눈에 과연 어떤 제품이 더 좋아 보일까?

고객 응대는 모든 종류의 사업에 필수적인 요소로서, 당신이 식당 사장이 아니라 의사라 해도 똑같은 방식으로 접근해야 한다. 성공하려면 친절한 의사가 되어야 한다. 환자의 입장에서 생각해보라. 그 어떤 의사라도 똑같은 독감 예방 주사를 놔줄 수 있다. 주사를 너무 아프게 놓지만 않는다면, 환자는 결국 마음을 편안하게 해주는 의사를 다시 찾아갈 것이다.

나는 일전에 정기적으로 물리치료를 받는 여성과 이야기를 나눈 적이 있다. 예약된 진료 시간은 정각 2시부터 3시까지고, 3시가 지나자마자 그녀는 칼같이 진료실 문을 나서야 한다고 했다. 그 물리치료사를 찾는 거의 모든 사람이 그렇게 빠듯한 진료 스케줄을 이해하려 한다고 했다. 그런데 환자의 입장에서 기분이 좋을까? 그저 그렇다. 다음 예약 진료 때 봬요. 다음 환자분! 서둘러주세요!

그 물리치료사가 각 진료 시간마다 여유 시간을 좀 더 가져, 환자가 원할 경우 그 시간을 쓸 수 있다면 어떨까? 7분이나 3분 정도면 충분할 것이다. 혹은 한 시간 예약을 하고 찾아갔는데, 5분 늦게 시작해놓고 50분 지난 뒤 나가는 문을 알려주는 게 아니라 실제 예약한 60분을 다 써준다면 또 어떨까?

이때 중요한 건 치료가 효과가 있느냐 없느냐가 아니다(아마 효과는 있겠지만). 환자 입장에서 물리치료사가 정말 자신에게 관심을 가져주는 것처럼 느끼느냐 못 느끼느냐 하는 것이 중요하다. 물리치료사가 여유 시간을 가지고 융통성 있게 시간을 쓴다면, 환자는 쫓겨나는 듯한 느낌을 받진 않을 것이다. 대신 자신이 중요하다는 느낌을 받게 될 것이며, 또 원할 경우 물리치료사가 기꺼이 관심을 더 가지고 자신을 봐줄 거라는 느낌을 받을 것이다.

환자가 자신을 차트 상의 수많은 이름들 중 하나로 느끼지 않는 것, 이런 게 바로 제대로 된 고객 응대다.

> **들어라!** [Listen]
>
> 고객 응대는 모든 분야의 사업에 있어 전반적인 경영에 적용되는 원칙이다. 어떤 분야에서건, 사업을 한다면 최소한 같은 분야의 다른 사업가들이 발휘하는 헌신적인 고객 응대 수준 그 이상을 갖춰야 한다.

수습 불가능한 실수는 없다

일이 어떤 식으로 풀려가는지 보여주는 예를 하나 들겠다. 당신은 식사를 하러 식당을 찾아 들어가고, 곧 안내를 받아 테이블에 앉는다. 그리고 정중하면서도 친절한 식당 종업원의 시중을 받는다. 음식은 아주 훌륭하고, 디저트 또한 기가 막히다. 당신은 그야말로 만족스러운 고객이 되어 식당 문을 나선다.

그런데 그 좋던 분위기가 당신이 차를 가지러 가는 순간 다 망가진다. 주차원이 당신의 자동차 키를 제자리에 두지 않았는지 자동차 키를 찾질 못한다. 결국 차를 찾는 데 16분이나 걸렸다. 게다가 그 주차원이 당신 차를 몰고 있는데, 운전석 쪽 문을 보니까 그 식당에 들어갈 때만 해도 없었던 긁힌 자국이 있다.

식당 안에서 있었던 좋은 기억은 그야말로 순식간에 싹 사라져버린다. 훌륭한 식사를 하고 괜찮은 서비스를 받았지만, 마지막에 주차원의 실수 때문에 당신은 완전히 기분이 잡친 채 차를 몰고 집에 간다.

그렇다고 식당 안에서의 좋았던 기억마저 다 사라진 걸까? 아마 그렇진 않을 것이다. 그리고 이 문제는 단순히 주차원의 실수로 끝나지 않는다. 식당 매니저가 그 주차원과 소통했는지 여부가 문제다. 주차원은 그 일을 식당 측에 제대로 알렸는가? 그리고 식당 측에서는 이 문제를 해결하기 위해 어떤 노력을 했는가? 문제를 해결하기 위해 고객과 직접 얘기를 했는가? 그리고 이 또한 중요한 일이지만, 고객의 마음이 풀리려면 자신들이 어떻게 하면 좋을지를 고객에게 물어보았는가?

문제는 늘 일어나기 마련이다. 그럴 때 고객으로 하여금 다시 만족감을 느끼게 해주려면, 아니 적어도 안 좋은 기억을 조금이라도 덜게 해주려면 어떻게 해야 하느냐에 초점을 맞춰야 한다. 불이 일어나는 것 자체는 피할 수 없는 경우가 많다. 그 불을 어떻게 끄느냐가 중요하다.

이런 일은 그 어떤 분야에서도 일어날 수 있다. 예를 들어 물리치료사가 예약된 진료 시간보다 더 오래 몸을 봐줘서 기분 좋게 진료실 문을 나선 환자가 불친절한 접수 담당자 때문에 마음이 상할 수 있다. 늘 최선을 다해 고객을 응대해야 한다고 모두가 정신무장을 해도, 조직 내에서 단 한 사람이 이 사실을 망각하면 힘들여 고객을 만족시킨 게 바로 헛수고가 될 수 있다. 그러니 늘 그런 일이 일어날 경우에 대비하도록 하라. 그리고 장담컨대 그런 일은 반드시 일어난다.

그런데 내가 보기엔 가장 용서할 수 없는 실수지만, 가끔 선택의 문제로 인해 고객 응대에 실수하는 경우도 있다.

예를 하나 들어보겠다. 나는 얼마 전 시카고에서 한 특급 호텔에 숙박한 적이 있다. 아주 힘든 하루를 보내고 동료들과 함께 술 한 잔 하며 긴장을 풀려고 호텔 바로 내려갔다. 마음 편하게 한참 술을 마시고 있는데, 갑자기 바텐더가 다가와 나가달라고 했다.

왜? 청소부들이 바 청소를 시작해야 해서.

바텐더들은 자신이 일하는 바를 사랑하겠지만, 이 경우는 아무리 이해하려 해도 이해할 수가 없었다. 명색이 5성급인 특급 호텔 바에서 술을 마시고 있는데, 청소부들이 진공청소기를 돌려야 하니 나가달라니 상상이 되는가? 이게 제대로 된 고객 응대인가? 보다 현실적으로 말해, 청소가 필요한 데가 꼭 우리가 술 마시던 자리뿐이었나? 우리가 우리 자리에서 술을 다 마실 때까지 먼저 다른 데를 청소할 수는 없었을까?

이 사례는 당신이 함께 일하는 모든 사람들에게 그 무엇보다 고객 응대가 최우선이라고 강조해야 하는 이유를 잘 보여준다. 약속한 시간에 상품을 배달하는 일부터 배고픈 고객에게 음식을 제공하는 일에 이르기까지, 당신의 사업에서 고객 응대를 최우선 순위에 놓아라. 그리고 내가 시카고의 한 특급 호텔에서 겪은 일에서 보듯, 제대로 된 고객 응대란 무얼 하든 늘 당신 자신이 아닌 고객의 입장에서 생각한다는 의미다.

자, 이제 이 모든 걸 앞에 나왔던 스크램블드에그 이야기에 적용해보자. 고객이 아침식사 시간이 지난 후 식당에 들어와 스크램블드에그를 요구한다면 어떻게 해야 할까?

만일의 경우에 대비한 최선의 방법은 여분의 달걀과 다른 아침 식사용 재료를 확보해두어, 뒤늦게 오는 고객들의 요구에 부응할 수 있게 대비하는 것이다. 예를 들어 약간의 키슈*를 미리 만들어두고 스크램블드에그 대신 제공할 수도 있을 것이다.

아니면 훨씬 더 간단한 방법도 있다. 식당 종업원이 손님의 주문을 받았을 때 주방에서 누군가가 달걀 두 개를 프라이팬에 넣어 스크램블드에그를 만들고, 토스트 두 조각과 함께 고객에게 내갈 수도 있지 않을까? 스크램블드에그와 토스트 두 조각에 25달러를 달라고 할 수도 있겠지만, 그래도 손님이 원했던 것 아닌가? 잊지 마라. "가격은 얼마든 상관없어. 난 그저 스크램블드에그만 먹으면 돼!"라고 말할 사람들은 얼마든지 있다.

내가 하고 싶은 이야기는 스크램블드에그를 만들라는 것이 아니라, 만일의 경우에 대비한 전략을 구사하거나 융통성을 발휘함으로써 고객으로 하여금 자신이 특별한 사람이라는 느낌을 받게 해줄 수 있다는 것이다. 그리고 그것이야말로 고객 응대의 가장 중요한 목표다.

물론 당신이 사업을 하는 사람이라는 사실을 잊지 말아야 한다.

---

* 햄, 양파, 크림 등으로 만든 파이.

고객에게 '노'라는 말을 해선 안 되지만, 그게 사업상 이치에 맞지도 않는 행동을 하라는 뜻은 아니다. 당신이 사업을 하는 목적은 돈을 벌려는 것이니까. 고객이 아침식사 시간을 넘겨 스크램블드에그를 원한다면, 그걸 만들어주되 추가 노력에 대한 대가는 청구하도록 하라. 고객이 밤 8시에 스크램블드에그를 원한다면 그에 맞는 돈을 청구하라. 고객이 긴급 배송을 원하거나 뭔가를 집에 와서 직접 설치해주길 원한다면 현실적으로 대처하라. 비용이 어떻게 될지 알아보고 그에 맞는 청구를 하는 것이다. 고객도 만족하고 당신 또한 제대로 사업을 할 수 있다.

고객 응대를 늘 마음 깊이 새겨두어라. 나는 내가 운영하는 식당에 들렀다가 누군가가 냅킨 없이 음료수를 마시고 있거나 다 식은 음식을 먹고 있거나 또는 잘못된 접시에 담긴 음식을 먹고 있는 걸 보면 말도 못하게 마음이 불편해진다. 그야말로 나 자신이 고객 응대를 잘못하고 있는 것 같은 자책감이 들기 때문이다.

그리고 당신이 만일 밤 8시에 내 식당들 중 하나에 들어가 스크램블드에그를 먹고 싶다면, 틀림없이 먹을 수 있을 것이다. 추가 비용을 부담해야 할 수는 있지만, 그래도 원하던 걸 먹을 수 있으니 만족하리라 믿는다.

- 고객 응대를 목표로 삼아라.

- 고객으로 하여금 자신이 특별한 사람이라는 느낌을 갖게 하라.

- 약속을 꼭 지켜라. 만일의 경우를 감안하고 약속하면 좋다.

- 고객 응대가 당신 사업에 몸담고 있는 모든 사람의 목표가 되게 하라. 단 한 사람만 고객 응대를 잘못해도 기껏 쌓은 고객 만족도를 일순간 망쳐버릴 수 있다.

Chapter

2

당신의 사전에서 '노'를 지워버려라

내 머릿속에서는 한 가지 의문이 도사리고 앉아 있다. 아주 단순한 의문인데, 아무리 노력해도 적절한 답을 얻지 못하고 있다.

고객에게 '예스'라고 할 수 있는 상황에서 왜 그리들 쉽게 '노'란 말을 하는 걸까?

이제 막 사업을 시작한 사람들에게 이 의문은 그리 답하기 어렵지 않은 것처럼 보일 수도 있다. 고객이 뭔가를 요구하면 그냥 "네,

그럼요." 하는 것이다. 그걸로 끝 아닌가.

하지만 비즈니스의 세계에서, 사업을 하는 많은 사람들은 고객들에게 이런저런 형태로 '노'라고 말한다. 그리고 그것이야말로 정말 큰 실수다.

'노'의 치명적인 대가

1장에서 예로 든 것처럼 고객에게 오전 11시 이후에는 스크램블드에그를 만들어줄 수 없다는 식으로 말하는 경우가 아주 많다. 호텔을 운영하면서 경험한 바에 따르면, 고객에게 정해진 시간을 30분 넘겼기 때문에 다음날 아침까지 방을 청소해줄 수 없다고 말하는 경우도 허다하다.

고객에게 '노'라고 말하면 어떻게 될까? '예스'라고 말했더라면 만족했을 상대를 실망시킬 것이다. 아무리 좋은 제품과 서비스를 갖추고 있어도 '노' 하나로 이 모든 것이 소용없어질 수 있다. 예를 들어 어떤 고객이 어떤 음식에 새우 대신 굴을 넣어달라고 했다고 하자. 지역마다 조금씩 다르겠지만, 적어도 내가 알기로 사실 새우나 굴이나 비용은 똑같이 든다. 그러면 바꿔서 넣어주면 될 일이다! 차라리 재료 대체 비용을 청구하면 했지 '노'라고 말하진 않아야 한다. 그런데도 많은 기업가들이 '노'라고 말하기를 주저하지 않는 것처럼 보인다.

나는 어째서 이런 일들이 일어나는지 정말 이해할 수가 없다. 일에 임하는 평소의 마음자세가 그런 걸까? 아니면 요즘 고객들은 더 잘 참아준다고 생각하는 걸까?

하지만 이런 문제들을 해결해줄 간단한 해결책이 있다. 당신의 어휘에서 '노'라는 말을 아예 지워버리는 것이다.

나는 강연을 할 때마다 이 말을 한다.

"절대 고객에게 '노'란 말을 하지 마라."

그리고 어렵게 만족시킨 고객을 실망시킬 거라는 이유 외에도 '노'란 말을 해선 안 되는 이유는 얼마든지 있다.

할 수 없는 것 vs 하지 않는 것

분명 '예스'라고 하고 싶어도 할 수 없는 상황들이 있다. 예를 들어 당신이 한 고객에게 주문한 제품을 언제까지 배송하겠다고 약속했다. 그런데 대형 폭풍이 들이닥쳐 모든 길을 마비시킬 수 있다. 이런 경우라면 고객에게 배송이 늦어진다고 말해도 이해해줄 것이다. 날씨는 그 누구도 어쩔 수 없는 거니까.

어떤 경우에는 고객이 요구하는 것이 그야말로 얼토당토않은 것일 수도 있다. 솔직히 말해서 모든 고객이 현실성 있는 요구를 하는 건 아니다. 앞서 이야기했듯 스테이크를 맛있게 다 먹어치우고 환불을 요구하는 고객도 있으니까. 그런 일 앞에서 '예스'라고 말하는 건 쉽지 않을 수 있으며 적절한 대응도 아니다.

그러나 대부분의 경우, 고객에게 '노'라고 말하는 건 고객이 요구하는 걸 하지 않겠다고 결론짓는 걸로 해석될 수 있다.

1장에 나왔던 스크램블드에그의 예로 되돌아가보자. 한 고객이 스크램블드에그를 원하는데, 아침식사 시간이 지났다. 식당 종업원은 스크램블드에그를 만들어드릴 수 없다고 말한다.

잠깐! 주방에 달걀이 떨어졌나? 프라이팬이 다 더러운가? 아니면 닭들이 파업이라도 벌이고 있나?

물론 아니다. 아주 완벽한 스크램블드에그를 만들 수 있는 준비는 다 되어 있다. 그런데도 식당 측에서는 고객에게 '노'라고 말하고 있다.

들어라! [Listen]

고객에게 '노'라고 말하는 행위의 진정한 의미는 무엇인가? 무언가를 할 수 없다는 뜻이 아니다. 그보다는 뭔가를 하지 않기로 마음먹었다는 뜻이다. 그리고 고객들은 이 뜻을 금세 알아차린다.

믿기 힘들겠지만, 고객들은 당신이 상상하는 것보다 훨씬 더 이런 상황을 잘 꿰뚫어보고 있다. 상대가 "할 수 없어요."라고 말하는 게 실은 "하지 않을 거예요."라는 뜻임을 뻔히 아는 것이다. 생각해

보라. 상대가 '노'라고 말하는 이유가, 자신의 요구를 들어줄 능력이 없어서가 아니라 단지 그렇게 하고 싶지 않아서라면 기분이 어떨까?

아주 안 좋은 상황이다. '노'라는 말을 들은 고객은 자신이 소모품 취급을 받을 뿐 별로 중요하게 여겨지지 않는다는 느낌을 갖게 된다.

분명히 말하건대 당신이 필요할 때 와줄 예비용 '스페어 고객'이란 없으며, 어떤 고객에게 '노'라고 말하는 건 그 고객으로 하여금 자신이 '스페어 고객'이라는 느낌을 갖게 만드는 확실한 방법이다. 그러니 가능하면 고객에게 '노'라고 말하는 상황을 만들지 마라. 아이스크림이든 햄버거용 빵이든 토마토든, 그 고객이 원하는 음식을 만들기 위해 필요한 식재료가 떨어졌을 경우 식료품점에 달려가 사오도록 하라. 고객에게 고급 소고기인 와규가 다 떨어졌다고 말할 수는 있지만, 언제든 쉽게 사올 수 있는 종류의 식재료가 떨어졌다는 말은 하지 말아야 한다.

스페어 고객이란 없다.

나는 고객 한 사람 한 사람을 전부 당신의 유일한 고객인 양 대하는 게 중요하다는 말을 몇 번이고 강조하고 싶다. 그러나 당신이 '노'라고 말하는 순간 그 고객은 자신이 단순히 여러 숫자들 중의 하나, 그러니까 당신의 고객 리스트에 적혀 있는 많은 이름들 중 하나에 지나지 않는다는 느낌을 갖게 된다. 그러니까 '노'라는 말 한마디로 그 고객에게 이런 말을 하는 거나 다름없는 것이다. "내가 이렇게 '노'라고 말하는 이유는 당신이 전혀 중요하지 않기 때문입니다."

'노'를 '예스'로 바꾸는 방법

고객 응대 어휘 사전에서 '노'란 말을 지워버리라고 해서 무조건적으로 '예스'를 하라는 건 아니다. 그러니까 "손님, 그것 대신에 이걸 해드릴 수 있습니다." 하는 식으로 대안을 제시하라는 뜻이다. 고객에게 '노'란 말을 하는 대신 대안을 제시하면 그건 '예스'나 다름없는 말이 된다. 만일 어떤 고객이 특정 색깔 제품을 원하는데 그 제품이 없다면, 그와 비슷한 색의 제품을 권하도록 하라. 식당에서 고객이 주문하는 메뉴의 재료가 다 떨어진 경우, 다음에 다시와서 원하는 음식을 다시 시키면 소정의 금액을 할인해주겠다고 하라.

간단히 말해, 당신이 할 수 없는 것이 아니라 할 수 있는 것에 대해 말하라.

이건 가볍게 보고 넘겨선 안 될 중요한 메시지다. 고객의 요구를 정확히 만족시킬 수 없을 경우, 그 사람을 만족시킬 수 있는 다른 뭔가를 해주려는 의지라도 보이라는 뜻이다. 다시 말하지만 이건 선택의 문제다. 고객으로 하여금 특별하고 소중한 사람이라는 느낌을 갖게 해줄 추가 조치를 취하는 것은 순전히 당신 스스로의 선택이다.

어휘 사전에서 아예 '노'라는 말을 지워버릴 경우 기업문화 자체를 바꾸는 데 큰 도움이 된다. 당신뿐만 아니라 당신과 함께 일하는 다른 사람들 모두 신속히 대응책을 생각해낼 수 있도록 사고가 바뀐다. '노'라고 말하는 건 어떤 상황에서 벗어나기 가장 손쉬운 방법인데, '노'라는 말을 하지 않으면 그 상황에 대한 대안을 빨리 찾아야 하는 경우가 많아지고, 그럼으로써 모든 면에서 융통성 있게 즉각적으로 대응할 수 있는 역량을 기를 수 있다. (신속히 대응책을 생각해내는 사고방식과 이를 동료 및 직원들에게 가르치는 것의 중요성에 대해선 14장에서 다시 설명하겠다.)

이 모든 것들이 아주 간단해 보일 수도 있는데, 실제로 그렇다. 그래서 더욱 놀라운 일이지만, 뛰어난 제품과 서비스를 갖고 있는 많은 기업들이 고객들에게 '노'라고 말함으로써 자기 발등을 스스로 찍는 우를 범하고 있다. 이 모든 걸 깨닫고 절대 고객에게 '노'를 하지 않으려 꾸준하면서도 의식적인 노력을 기울인다면, 반드시 그 결실을 보게 될 것이다.

고객에게 늘 '예스'라고 말할 필요는 없다. 그러나 절대 '노'란 말을 하지 않는 것은 당신의 사업을 다음 단계로 끌어올리기 위해 쓸 수 있는 가장 유용한 전략 중 하나가 될 것이다.

틸만의 목표

- 고객에게 절대 '노'란 말을 하지 마라.
- 스페어 고객이란 없다.
- 고객을 위해 무언가를 할 수 없는 것과 무언가를 하지 않기로 결정하는 것 사이에는 분명한 차이가 있음을 이해하라.
- 만일 '예스'라는 말을 할 수 없는 상황이라면 대안을 제시하라.
- '노'를 하지 않음으로써 당신뿐만 아니라 함께 일하는 사람들 모두가 신속히 대응책을 생각해낼 수 있도록 사고를 바꿔라.

대중을 고객으로 끌어들여라

성공을 꿈꾸는 기업가가 부딪칠 수 있는 가장 큰 장애물 중 하나
는 스스로의 생각이다. 이 세상에 자신의 제품이나 서비스만 한 것
이 없다는 생각. 그러나 1장에서도 말했듯 그건 완전히 비현실적인
생각이다.

현실은 어떤가? 제품이나 서비스가 고객층이 너무 얇아 폭넓은
관심을 끌 수 없는 문제를 끌어안고 있을 확률이 높다.

당신의 생각은 중요하지 않다

많은 사람들이 자신이 옳다고 생각하는 바에 따라 사업을 한다.
그러니까 자신의 제품과 서비스(그것이 음식이든 다른 어떤 서비스

든)를 내놓을 때, 주로 자신이 좋아하는 고객 경험을 토대로 사업을 하는 것이다.

문제는, 이게 불가능하다는 것이다. 즉 당신 자신이 좋아하는 대로 할 수 없다는 것. 물론 당신이 좋아하면서 절대적으로 뛰어난 아이디어나 제품이 있을 수 있다. 그러나 여기서 내가 하고 싶은 말은, 당신이 좋아하느냐 좋아하지 않느냐 하는 건 중요한 문제가 아니라는 것이다. 사업을 하려면 당신이 좋아하는 것과 상관없이 일반 대중이 좋아하는 제품이나 서비스를 만들어야 한다는 것이 핵심이다. 예를 들어 당신이 간 요리를 좋아할 수도 있지만, 그렇다고 간 요리를 메인으로 하는 식당 체인을 만들 수 있겠는가? 현실적으로 힘든 일일 것이다.

당신의 사업이 다음 단계로 도약하길 바란다면, 고객층을 특정 계층이 아닌 일반 대중 전체로 넓혀라. 계산은 간단하다. 당신이 판매하는 제품이나 서비스가 더 많은 사람의 마음을 끌수록 더 많은 고객을 갖게 된다는 것이다. 그리고 그 일은 고객들이 바라는 걸 하는 데서 시작된다.

그러려면 고객들의 반응에 많은 신경을 써야 한다. 고객들은 여러 형태로 자신이 좋아하는 것과 싫어하는 것에 대해 말해줄 것이다. 고객들이 하는 말에 귀 기울인다고 해서 의식적으로 잠재 고객층을 한정하거나 축소시키는 건 아니다. 오히려 고객층을 최대한

도로 늘리는 일을 하는 것이다.

고객이 진짜로 원하는 것

고객들의 첫 번째 반응은 틀림없이 가격에 관한 것이다. 당신의 제품이나 서비스 가격이 가능한 한 많은 사람들이 구매할 수 있으면서 당신에게 충분한 이익도 안겨줄 수 있는 수준인가? 가격이 너무 높게 책정되어 있다면, 구매할 수도 있었던 고객들을 놓치고 있다고 봐야 한다. 좀 더 저렴했더라면 유입되었을 고객이 줄어들면서 고객층이 필요 이상으로 얇아지는 것이다.

적절한 기준 가격을 찾아내는 방법은 아주 다양하다. 우선 당신의 경쟁업체들이 어디인지 알아보는 걸로 시작하라. 놀라운 일이지만 의외로 많은 기업가들이 자신의 실제 경쟁업체들이 어디인지 정확히 알지 못한다. 예를 들어 다른 제품이나 서비스를 제공하는 업체 역시 당신과 똑같은 제품이나 서비스를 제공하는 경쟁업체만큼이나 위협적일 수 있다. 잠재적인 경쟁업체들을 확인하고 싶다면, 고객들이 당신이 파는 것 대신 구매하는 제품이나 서비스를 관심 있게 살펴보라. 그 제품은 당신이 파는 것과 같을 수도, 다를 수도 있다. 고객들과 대화를 할 때 약간의 시간을 투자해 어디서 다른 제품이나 서비스를 구매하는지 물어보라. 중요한 경쟁업체를 간과하거나 무시했다가는 아주 큰 낭패를 볼 수 있다.

경쟁업체들을 알아냈다면, 그들은 무얼 팔고 있으며 또 가격대는 어떤지를 알아보라. 당신이 참고할 수 있는 업계 관련 수치는 얼마든지 있다. 물론 그것들을 절대적인 진리로 생각하진 말아야 한다. 당신의 생산비나 인건비 같은 각종 수치들을 확인하는 게 먼저다. 그렇게 함으로써 당신의 사업이 이익도 더 좋아지는 동시에 최대한 많은 고객들에게 다가가려면 가격에 어떤 변화를 주어야 하는지를 계산해낼 수 있게 된다.

이는 내가 그간 온갖 종류의 사업들에서 봐온 공통된 문제다. 기업가들은 자신의 제품이나 서비스 가격을 매길 때, 폭넓은 고객을 끌어들이고 싶다면 그래서는 안 될 만큼 높은 가격을 매긴다. 이는 소매 시장은 물론 도매 시장에서도 마찬가지다. 도매업체들은 대량 구매를 통해 가격을 대폭 할인받고 싶어 하는데, 생산자 측에서 전혀 할인되지 않은 가격을 제시하는 경우가 많다. 생산비가 높은 경우에 그럴 수도 있지만(늘 그렇지만 생산비를 줄이면 가격이 낮아짐), 때로는 기업가가 경험이 없어 대부분의 도매업체들이 요구하는 할인을 하지 않는 경우다.

고객 확장을 위해 창의력을 발휘하라

가격은 당신이 고려해야 하는 것들의 일부에 지나지 않는다. 고객 연령대는 고려되고 있는가? 당신의 제품이나 서비스는 특정 연령대의 고객들에게 어필하는가, 아니면 모든 연령대의 고객들에게 어필하는가? 그 고객층에 아이들과 10대들도 포함되는가? 대학생과 대학원생 연령대를 포함하는 청년층, 소위 '밀레니얼 세대'는?

성별 문제는 어떤가? 남성 전용 또는 여성 전용인가? 아니면 관심 있는 사람 모두를 위한 것인가? 당신의 제품이나 서비스를 보다 넓은 고객층에 판매하고 싶다면 이 모든 질문들을 하나하나 짚어봐야 한다.

사람들을 고객으로 끌어들이는 접근방식에 대해 살펴보기 위해 식당 메뉴를 예로 들어 생각해보자. 물론 어떤 식당들은 예산에 신경 쓰는 사람들을 고객으로 끌어들이지 못한다. 아니면 특별한 식단을 원하는 사람들이나 아이들을 고객으로 끌어들이지 못하는 식당도 있다. 그것은 그 나름대로 좋을 수 있다.

그러나 보다 많은 사람들을 고객으로 끌어들이고 싶다면, 그런 목표를 식당 메뉴에 어떤 식으로 반영할지를 알아야 한다. 예를 들어 상대적으로 가격이 저렴한 샌드위치와 간단한 음식들이 보다 값비싼 음식들을 대체하거나 보완할 수 있다. 또한 엄마와 아빠에게는 값싼 아침식사를 제공하고 아이들에게는 값싼 아이들용 음식을 제공할 수도 있다. 글루텐이 들어가지 않은 음식, 일반적인 채식, 엄격한 채식주의자들을 위한 채식까지 특별한 식단을 원하는 고객들을 위한 음식들을 제공함으로써 고객층을 넓힐 수도 있다.

고객들에게 폭넓은 옵션을 제공하는 것은 보다 많은 고객들을 확보하는 데 도움이 되는 검증된 방식이다.

이런 점들을 염두에 두고 현재 당신이 제공하고 있는 제품이나 서비스에 대해 생각해보라. 보다 폭넓은 고객들을 끌어들이려면 메뉴에 무엇을 추가할 수 있겠는가? 어떤 제품이나 서비스를 추가하면 이미 팔고 있는 것과 자연스레 상호보완이 되겠는가? 예를 들어 할머니의 레시피대로 파스타를 만들어 팔고 있다면, 거기에 어떤 새로운 향신료나 재료를 넣을 수 있겠는가? 그 파스타에 토마토소스를 옵션으로 제시하면 어떻겠는가? 다른 어떤 걸 추가하면 자연스럽게 보이겠는가?

만일 제품을 추가하는 게 답이 아니거나 혹은 그게 가능하지도 않을 경우, 더 많은 고객들을 끌어들이기 위해 이미 갖고 있는 제품을 활용하는 방법도 있다. 제품의 색깔을 늘리거나 특정 제품에 쓰이는 재료를 바꾸는 간단한 방법도 있을 수 있다. 아니면 어떤 특정한 목적으로 쓰이는 제품을 조금 다른 목적으로 사용할 수 있는 방법을 고객에게 제시하는 건 어떨까?

늘 당신의 생각을 확장해 눈에 보이는 것 이상을 봐야 한다. 이미 갖고 있는 제품이나 서비스를 유심히 살펴보고, 거기에 무언가를 추가하거나 손질함으로써 보다 많은 고객들이 관심을 갖고 다가오게 하라.

나는 지금 특정 고객층에 맞춘 독점적인 제품이나 서비스 같은 것들을 팔 수 없다는 말을 하고 있는 게 아니다. 그것도 좋다. 그러나 보다 많은 수익을 올려 사업을 키우려면, 가능한 한 더 많은 고객을 끌어들일 수 있는 아이디어를 짜내야 한다. 이는 성공한 기업가들과 소규모 신흥 기업들이 특수 계층이 아니라 보다 폭넓은 대중을 고객으로 끌어들이려 노력하는 이유이기도 하다. 결국에는 고객층이 한정된 기업보다는 고객층이 넓은 기업이 더 많은 돈을 벌게 될 것이기 때문이다.

틸만의 목표

- 특정 계층이 아닌 일반 대중들을 고객으로 끌어들여라.
- 가능한 한 많은 사람들에게 어필할 수 있는 방법을 찾아라.
- 경쟁 상대들에 대해 잘 알아보라.
- 타깃으로 삼은 고객들을 잘 파악하라.

당신이 반드시
알아야 할 숫자

You'd better
know your numbers

당신의 사업이 다음 단계로 올라가느냐, 아니면 끝없이 고전을 면치 못하느냐를 결정짓는 가장 중요한 요소 중 하나는 다름 아닌 사업과 관련된 여러 가지 숫자들이다.

숫자가 중요하다는 것은 나의 사업체 사람들, 내가 속한 요식업 및 접객업 분야의 사업가들뿐 아니라 모든 분야의 기업가들에게도 늘 강조하는 얘기다. 당신은 당신 사업과 관련된 숫자들을 알아야 한다. 그것도 아주 정확히. 내 기업들과 관련된 무슨 숫자든 물어보라. 나는 어떤 질문에도 다 대답해줄 수 있다.

누군가 내게 어떻게 성공했느냐고 묻는다면, 나는 대개 다음과 같은 네 가지 이유를 든다.

1. 나는 내 사업과 관련된 숫자들을 잘 안다.
2. 나는 내 사업이 어떻게 운영되는지 이해한다.

3. 나는 기업의 성장과 발달 매커니즘에 대해 잘 안다.

4. 나는 시간의 흐름에 따라 계속 변하고 변하고 또 변한다.

이 네 가지 이유 가운데 가장 중요한 것이 바로 당신 사업과 관련된 숫자들을 잘 아는 것이다. 그 이유들은 간단하지만 강력하다. 숫자들은 사업과 관련해 일어나는 모든 것이다. 그러니까 들어오는 것들과 나가는 것들, 그 둘 사이의 상호작용이다. 그리고 기업을 운영할 때 숫자들에 대해 잘 알지 못하면(여기서 '안다'는 것은 소수점 오른쪽에 나열된 값들까지 정확히 안다는 뜻이다), 사업은 분명 어려움을 겪게 된다.

숫자들은 워낙 중요하기 때문에 이를 제대로 알지 못할 때 어려움을 겪는 건 당연하다. 수중에 현금이 충분치 못한 상황에서 숫자들에 대해 잘 모를 경우, 잘하면 잡을 수도 있었을 좋은 기회들을 놓치게 되는 경우가 많다. 아니면 나중에 후회할 결정이나 약속을 하는 경우도 많다.

제품이나 서비스가 얼마나 뛰어나든 혹은 별로이든, 사실 그건 그렇게까지 치명적이지 않다. 숫자들에 대해 잘 모른다면, 당신은 결국 사업을 접게 될 것이다.

그러니 그런 일이 생기지 않게 하라.

Chapter

4

운전자본에 대하여

당신 사업과 관련된 모든 숫자는 의심할 여지없이 중요하다. 그러나 규모를 키워나가고자 하는 작은 기업 입장에서 특히 더 중요한 숫자는, 바로 재정 상태와 관련된 한 가지 현실이다. 바로 운전자본working capital 이야기다.

들어라! [Listen]

기업의 규모가 작다면, 운전자본은 생사를 결정하는 요소일 수 있다.

많은 기업가들은 사업을 하는 것에 대해 위험할 정도로 단순한 생각을 갖고 있다. 사업을 너무 쉽게 생각하는 것이다. 다른 누군가에게 돈을 받고 뭔가를 파는 것. 그걸로 끝!

그러나 그건 사업과는 거리가 멀어도 너무 먼 생각이다.

이게 어떤 의미인지 보여주는 예를 하나 들겠다. 어떤 기업가가 너무도 멋진 핸드백을 디자인했다고 치자. 요즘 유행과 잘 맞으면서도 아주 매력적인 지갑이다. 그녀는 그 핸드백 샘플을 들고 여러 최고급 소매점들을 돌았는데, 워낙 멋진 제품이다 보니 바로 소매점 주인들에게 좋은 반응을 얻는다.

"근데 말이에요."

한 소매점 주인이 말한다.

"우리 매장에 이걸 들여놓고 싶어요. 36개를 주문할게요. 전부 언제까지 납품해주실 수 있나요?"

이게 문제다.

그녀는 주문을 받고 기뻐 소리라도 지르고 싶지만, 핸드백 36개를 제작하는 데 필요한 재료들을 살 현금이 없다. 그리고 설사 어렵게 핸드백을 제작해 납품한다 해도, 요즘의 외상 매입 기준을 따르자면 주문을 한 소매점에서는 한 달이 더 지난 후에나 그녀에게 대금을 지불한다.

이 문제는 온갖 종류의 기업가들이 흔히 부딪히게 되는 문제다. 그들 입장에서는 당장 물건 값을 받고 싶지만, 자신이 사업을 해나가는 데 필요한 돈은 물건을 넘긴 지 한 달 반 이후까지도 들어오지 않는다는 냉혹한 현실에 부딪히게 되는 것이다.

이들에게는 무엇이 부족한 걸까? 운전자본이다. 그리고 내 경험에 따르면, 현재까지 사람들이 사업에 실패하는 가장 큰 이유가 바로 운전자본 때문이다.

사업의 규모가 작다면, 대개 운전자본이라는 문제에 직면하게 된다. 모든 비용을 선불로 지불하고, 대금은 후불로 받기 때문이다.

운전자본의 개념

운전자본은 한 기업의 유동자산과 유동부채의 격차에서 비롯된다. 유동자산은 앞으로 12개월 안에 현금으로 전환될 것으로 예상되는 자산이다. 그리고 유동부채는 같은 기간, 즉 12개월 안에 지불해야 하는 각종 비용과 기타 대금 등을 말한다.

운전자본은 그 이름도 잘 지은 것 같다. 기업이 늘 제대로 잘 돌아가게 하기 위해, 그러니까 제대로 운전하기 위해 당장 쓸 수 있는 돈이기 때문이다.

한 기업의 운전자본 상황은 여러 요소들에 의해 좌우된다. 예를 들어 제조업체는 제품을 만드는 데 쓸 부품들의 구입 자금이 필요하기 때문에 다른 기업들보다 더 많은 운전자본을 필요로 한다.

제품을 만들고 판매하여 대금을 회수하는 데 걸리는 기간을 영업주기 operating cycle 라 하는데, 이 주기가 긴 기업일수록 더 많은 현금을 보유하고 있어야 한다. 다시 말해 기업가가 판매를 하고서도 물건 값은 몇 주 후에나 받게 되는 경우가 많기 때문에, 기업가 입장에서는 어떻게든 그 간극을 메워야 하는 것이다.

문제가 되는 사업 분야는 또 있다. 시즌을 타는 사업이 바로 그것이다. 특별히 바쁜 기간, 예를 들어 명절에 제품을 대량 제작해야 하므로 더 많은 운전자본이 필요하게 된다. 1년 중 가장 많은 수입이 생기는 동시에 가장 많은 돈이 필요해지는 것이다. 크리스마스 시즌이 그 좋은 예다. 많은 소매업자들이 크리스마스 시즌에 눈에 띌 정도로 제품을 많이 판매한다. 그러나 동시에 그 시즌에 판매할 제품들을 생산 및 확보하는 데 필요한 운전자본이 없어 큰 애를 먹는다.

많은 기업의 경우 이런 문제는 자신들에게 절대 일어나지 않는다고 여긴다. 그러다가 어느 날 성장에 필요한 돈은 고사하고 가장 기본적인 비용들을 지불할 현금조차 부족하다는 것을 발견하곤 한다.

생각해보면 금방 알겠지만, 이런 유형의 문제들은 한쪽으로 기울어진 불공평한 운동장 문제를 보여준다. 많은 소규모 기업들은 필요한 비용들을 선지급해야 하는 반면 고객들이 주문을 하고 지불한 금액은 빠르게 받을 수 없다. 분명 불공평한 관행이지만, 세상 돌아가는 게 그렇다.

운전자본은 사업을 키워나가는 데도 필요하다. 소규모 사업을 하고 있는 어떤 기업가가 새로운 분야로 진출하거나 이미 하고 있는 사업을 확대하려면, 그 자금을 대기 위해 더 많은 운전자본이 필요해지는 것이다. 반면에 보다 온건한 목표를 가지고 소규모 기업을 운영하는 기업가라면 계속 작은 규모를 유지해도 되기 때문에 현금이 상대적으로 덜 필요하다.

소규모 기업들의 경우 때론 갑작스러운 '성공'으로 인해 최악의 상황이 발생하기도 한다. 여기서 말하는 성공이란 대규모 주문을 말하는 것으로, 앞에서 예로 들었던 핸드백이 그 예다. 얼핏 보기에는 더없이 좋은 일 같아 보일 수도 있지만, 제품 제작에 필요한 운전자본이 없을 경우 주문 기한을 맞추지 못하는 일이 생겨 고객들의 분노와 실망을 사게 된다.

그런데 많은 자산을 갖고 있다고 해서 부족한 현금 문제를 반드시 해결할 수 있는 것도 아니다. 분식회계 문제로 세상을 떠들썩하게 했던 엔론^{Enron} 사태가 그 좋은 예시다. 당시《포춘^{Fortune}》지 선정 500대 기업 중 10위 안에 들 정도로 유망한 기업이었던 엔론은 유동성 부족* 및 운전자본 부족으로 인해 파산했다. 그들은 수억 달러 상당의 자산을 갖고 있었지만, 앞서 언급한 기본적인 비용들을 지불하기 위해 그 자산을 매각할 시간적 여유가 없었다. 결국 엔론의 자산들은 파산 이후에 갈가리 찢겨 매각됐다. 원래 수억 달러의 자산이 있으면 망할 수가 없는 것인데, 충분한 운전자본이 없이 망한 것이다.

현금을 확보하면 기회가 찾아온다

그렇다면 해결책은 무엇일까? 모든 기업은 유동성 부족 및 운전자본 부족 문제를 해결하기 위해 자금을 회전시켜줄 금융상품을 필요로 한다. 보통 브리지론**이나 회전한도대출revolving credit *** 등이 있다.

문제는 대출을 받는 게 어려울 수 있다는 것이다. 그간 은행들은, 특히 규모가 큰 은행들은 중소기업과 신생 기업들에 대한 대출 규

---

*   단기간에 손실 없이 현금화할 수 있는 자산이 부족한 상태.

**   자금이 급히 필요할 때 단기차입으로 자금을 조달하는 것을 브리징(bridging)이라 하며 이때 도입되는 자금을 브리지론이라 한다. 즉, 단기차입으로 자금을 확보한 다음 자금조달이 유리한 시기에 중·장기 차입을 하여 단기부채를 상환하는 식으로 돌아간다.

***   대출받을 수 있는 전체 대출 한도 금액을 정하고, 이 범위 안에서 금융거래를 자유롭게 할 수 있도록 한 제도. 고객 입장에서는 한번에 약정된 금액을 다 빌리지 않아도 되고, 도중에 돈이 생기면 상환했다가 다시 빼서 쓸 수 있다. 마이너스통장이 회전한도대출의 일종이다.

모를 계속 줄여왔다. 게다가 규모가 작은 지방 은행들은 대개 큰 기관들이 독식하다시피 하고 있어 중소기업들은 대출을 받을 수 있는 가능성이 더더욱 낮다.

나는 중소기업 입장에서 그게 어떤 기분인지 너무 잘 안다. 처음 사업을 시작했을 때 나는 갖가지 대출 상품을 다 알아봤고, 가능한 방법을 다 동원해 돈을 조달하려 했다. (친구들에게 돈을 빌리는 일은 끝까지 하지 않았다. 친구를 잃고 싶다면, 그 친구에게 돈을 빌려달라고 하라. 그보다 빨리 우정을 망가뜨리는 일은 없다.)

엎친 데 덮친 격으로, 그 당시는 은행들이 앞을 다퉈 문을 닫던 시절이라(10장에서 자세히 이야기하겠지만 이런 상황이 내 입장에서는 오히려 좋은 기회로 작용했다), 내가 살던 휴스턴과 텍사스주 전역의 금융 환경 역시 뿌리째 흔들리고 있었고, 그 상황에서 운전자본 확보는 거의 불가능했다.

지금이야 금융계 상황이 그래도 안정됐지만 중소기업 소유주나 기업가들 입장에서는 은행에서 돈을 빌린다는 게 여전히 힘들 수 있다. 특히 신생 기업들은 자신의 신용을 입증해보일 만한 사업 연륜도 없고 대출에 필요한 담보도 없기에, 대출이 잘 안 되는 것도 실은 그리 놀라운 일도 아니다. 대부분의 대출 기관들은 적어도 2년 이상 운영된 기업들에 한해 대출을 해주려 한다.

그러니 어쩔 수 없다. 현금을 충분히 준비해놓은 뒤 시작하라. 이는 은행 대출을 받는 것과는 별개의 문제로, 최대한도의 유동성을 확보하기 위해 꼭 필요한 일이다. 경기 사이클이 수시로 오르락내리락 한다는 걸 잘 인지하고, 경기가 내리막길을 걸을 경우를 대비하도록 하라.

경기 침체기에 갖고 있는 현금을 이용해 사업을 확장하고, 호황기에는 다음 침체기에 대비해 현금을 비축하는 사이클을 갖추는 것을 경영 지침으로 삼으면 좋다.

이는 비단 생존의 문제가 아니다. 침체기를 기회로 바꾸는 중요한 전략이다! 다른 기업들은 살아남기 위해 안간힘을 쓸 때, 있는 돈으로 약한 기업을 삼키면 사업을 키워나갈 수 있을 것이다.

경기 침체기에 약한 기업을 삼켜 사업을 키워라.

내 경험을 예로 들어보겠다. 텍사스주 바로 옆에 있는 루이지애나주의 레이크찰스는 귀에 익은 도시가 아닐 수도 있는데, 세계의 석유 수도이자 미국에서 네 번째로 큰 도시인 휴스턴 사람들이 주로 이용하는 게임 도시다. 여기에 카지노를 하나 소유하는 것은 내가 오랜 시간 관심을 가져온 일이었다. 이미 모든 휴스턴 사람들이

알아주는 나의 남다른 고객 응대 실력이 레이크찰스에서도 충분히 경쟁력 있다고 믿었기 때문이다.

문제는, 당시 루이지애나주에서는 더 이상 도박 면허를 낼 수 없었다는 것. 그 시장에 진입하는 것 자체가 불가능했다. 어쨌든 적어도 당시에 나는 그렇게 생각했다.

그런데 2013년 5월 29일 갑자기 연방거래위원회 FTC: Federal Trade Commission 가 중요한 성명을 내놓았다. 독과점 문제 때문에, 아메리스타 카지노 Ameristar Casinos 가 레이크찰스에 건설 중이었던 카지노를 매각해야 한다는 골자의 성명이었다. 나는 다른 주요 카지노 기업들이 거기서 사업을 크게 벌일 수 있다는 사실을 알고 있었다. 그 기업들과 거리를 벌려야 했다. 그것도 빨리.

그래서 내가 어떻게 했겠는가? 당시 나는 또 다른 카지노를 인수하는 중이었지만 그 계약을 파기한 뒤 바로 비행기를 타고 라스베이거스로 날아가 아메리스타 카지노를 인수한 피너클 엔터테인먼트 Pinacle Entertainment 의 최고경영자를 만났다. 나는 그에게 환불이 불가능한 조건으로 보증금 5,000만 달러를 예치하겠다는 제안을 했다. 그리고 만일 내 쪽에서 계약 조건을 제대로 이행하지 못할 경우 내가 예치한 그 돈을 갖고 카지노는 다른 기업에 팔아도 좋다고 했다.

당시 카지노 건물은 공사가 다 끝나지 않은 상태였다. 나는 모든 공사를 마치려면 적어도 8억 달러의 돈이 필요하고, 피너클 엔터테인먼트와의 계약에 대해 게임 위원회의 승인을 받아야 하며, 그 외의 수많은 변수들이 다 계약 이행에 영향을 미칠 수 있다는 것을 잘 알고 있었다.

그러나 그럼에도 불구하고 그게 내가 레이크찰스 카지노 시장에 뛰어들 수 있는 유일한 기회이며, 나는 이미 준비가 다 되어 있다는 것도 알고 있었다. 나는 예치금 5,000만 달러를 낼 여력이 있는 동시에 내 자신과 회사 입장에서 큰 도박을 할 수 있는 배짱이 있었고, 덕분에 결국 그 계약을 성사시킬 수 있었다.

내가 5,000만 달러라는 큰 돈을 걸자 모든 사람들이 눈을 휘둥그레 떴다. 그러나 내가 그런 대담한 협상을 할 수 있었던 것은 필요한 현금을 축적해왔기 때문이었다.

NBA 농구팀 휴스턴 로케츠를 사들이면서 환불이 불가능한 조건으로 보증금 1억 달러를 낼 때도 비슷했다. 당시 사람들은 '잘못하면 필요한 자금을 조달하지 못하는 것 아니냐' 하며 호들갑을 떨었지만 과감하게 딜을 걸었다. 혹시 모를 경우에 대비해 현금을 확보해둔다는 생각을 멈춘 적이 없었기 때문이었다. 그 덕에 고향의 프로 스포츠 구단을 내 것으로 만든다는 일생일대의 꿈을 이룰 수 있었다.

샴페인은 나중에 터뜨릴 것

나는 수년간 그런 장면들을 봐왔다. 어느 날 갑자기 신생 기업들이 평상시보다 한 달에 2만 달러씩 더 벌기 시작한다. 그런데 그 기업 소유주들은 그 돈을 사업을 키우는 데 쓰지 않고, 새 집과 새 자동차를 사는 데 쓴다. 그러다 사업이 조금이라도 힘들어지면, 자신의 사치스러워진 생활방식을 유지하기 위해 그야말로 죽어라 일한다.

솔직히 말해 나 역시 멋진 집과 보트와 비행기를 갖고 있다. 그러나 그것들은 전부 내 기업에 언제 어떤 일이 터지더라도 즉각 쓸수 있는 충분한 현금을 확보한 이후에 구입한 것들이다.

들어라! [Listen]

당신의 생활방식을 유지하는 일을 절대 사업을 키우는 일보다 우선시하지 마라. 이는 늘 적절한 규모의 현금을 손에 쥐고 있을 수 있는 쉬운 원칙이다. 현금이 생기면 그 돈을 쓸 생각은 넣어두고 회사에 비축해야 한다.

아직 수천만 달러 규모의 계약을 맺을 상황은 아니라 해도 반드시 이 원칙을 기억하고 있어야 한다. 어떤 종류의 사업에도 적용되기 때문이다.

이 원칙에 따라 나는 늘 내 돈의 대부분을 회사에 비축해놓고 있다. 그래서 누구를 만나든 늘 돈이 없다고 투덜댄다.

그 덕에 나는 400만 달러를 30년 만에 40억 달러로 늘렸다. 어떤 조급한 사람들처럼 나가서 1억 달러어치의 피카소 그림들을 사들인 게 아니다. 휴양 도시 말리부에 있는 별장을 사지도 않았다. 나는 그 돈을 가지고 더 많은 기업들을 사들였고 많은 호텔과 리조트, 그 외 건물들을 지었다.

몇 년 전에 나는 회사로부터 큰 배당금을 받았다. 현금으로 약 6억 달러였다. 나는 그 돈으로 비행기를 사지 않았다. 새 보트를 사지도 않았고 미술 작품을 사지도 않았다. 어려운 시기가 닥칠 거라는 걸 알고 있기 때문에, 쓰지 않고 그대로 갖고 있었다. 나는 그 돈으로 굵직굵직한 기업 몇 개를 인수할 수 있었다. 물론 경기 침체기에 현금 유동성이 있었던 덕이다.

이 모든 건 내가 자주 하는 이야기로 귀결되는데, 워낙 중요한 말이라 반복하지 않을 수가 없다. 우리는 일이 잘 풀릴 때 조만간 힘들어질 수도 있다는 사실을 잊곤 한다는 것이다.

기업가가 할 수 있는 가장 큰 실수들 중 하나는 좋은 시절이 늘 계속될 거라고 생각하는 것이다. 나는 그간 큰 불경기를 세 차례 겪었는데, 그 폭풍우들에서 살아남을 수 있었던 건 순전히 미리 대비를 한 덕이었다. 2008년에 닥친 최악의 불경기* 때도 우리 회사는 그리 큰 타격을 입지 않았다. 수익이 10퍼센트 정도 떨어졌을 뿐이다. 미리 대비한 덕에 우리 회사는 살아남았다. 30년 넘게 사업을 하며, 나는 늘 현금을 확보해두거나 신용도를 잘 유지해 그 다음 경기 침체에 대비했다. 당신도 그래야 한다.

현금 확보 시나리오

운전자본을 항상 넉넉히 확보해두기 위해서는 무엇보다도 은행 대출이 중요하다.

첫 번째 단계는 간단하다. 막상 필요한 일이 생기기 전에 미리 은행 대출을 받아두어라. 이는 아무리 강조해도 부족함이 없다. 가능한 한 일찍 은행 대출을 받아두려 애써라. 그러면 경제가 활기를 띠고 당신 사업이 잘 풀릴 때 보다 편히 지낼 수 있다. 또한 가장 유리한 조건들로 대출을 받을 수 있는 가능성이 높아지며, 경기가 어려워질 경우(필히 그렇게 변하게 되어 있다) 이미 현금이 확보되어 있어 그 어려움을 헤치고 나갈 수 있다.

사업이 잘 풀릴 때 미리 은행 대출을 받아두면 또 다른 장점이

---

* 서브프라임 모기지 사태를 말한다.

있는데, 바로 모든 대출 기관들이 요구하는 대출 자격 요건들, 즉 긍정적인 현금 흐름과 확고하면서도 꾸준한 수입과 이익 등의 요건들을 갖출 수 있게 된다는 것이다.

특히 신생 기업은 신용도가 거의 또는 전혀 없는데, 이 경우 사업자의 개인 신용 유지에 많은 신경을 써야 한다. 많은 은행들이 기업에 돈을 빌려줄 때 가장 중요하게 보는 요소가 바로 기업 소유주의 개인 신용 등급이다. 신용 등급을 높이려면 각종 공과금 등을 제때 내야 하며, 개인 신용카드 및 대출한도를 올리기 위해 부채 비율을 낮춰야 한다.

그렇다면 대출을 받기 위해서는 구체적으로 어떻게 해야 할까?

들어라! [Listen]

대출을 받기 위해 대출 기관 담당자와 대면할 때, 아무 생각 없이 은행에 들어가 돈이 필요하다고 말하지 마라. 돈을 어떻게 빌리는지 잘 알고 있다는 듯이 행동하고, 또 철저한 사업 계획을 갖고 있다는 느낌을 주도록 하라. 당신이 은행에 제출하는 사업계획서에는 돈을 빌리려 하는 이유, 사업의 현재 상황, 최소 1~3년 간의 사업 계획이 자세히 담겨 있어야 한다. 사업 계획이 길고 자세할수록, 대출 담당자는 당신의 대출 신청에 대해 더 우호적인 자세를 보일 것이다.

그런데 향후 사업 계획이 너무 좋아도 문제가 될 수 있다. 만일

당신이 대출 담당자한테 제시한 사업 계획이 계속 수행하기 힘들 만큼 이상적이라면, 원하는 현금을 손에 넣고서도 사업은 파국을 맞을 수도 있다. 너무도 까다로운 대출 조건을 이행할 수 없을 수도 있기 때문이다. 즉 대출 조건이 너무 이상적이고 긍정적인 사업 계획에 맞춰져 있어 도무지 이행할 수 없게 되는 것이다.

해서 내가 쓰는 방법을 소개하고자 한다. 당신도 따라 해보길 권한다.

나는 사업 시나리오를 짜거나 계약을 할 때 늘 세 종류의 시나리오를 짠다. 최상의 시나리오. 가능성 높은 시나리오, 최악의 시나리오. 만일 당신이 자신이 있고 당신 사업과 관련된 숫자들이 괜찮다면, 대출 담당자에게 최상의 시나리오를 제시해도 좋다.

그러나 이 전략을 쓸 때 몇 가지 주의해야 할 점이 있다. 무엇보다도 당신 자신에게 거짓말을 해선 안 된다. 만일 당신 사업과 관련된 숫자들이 당신이 짠 최상의 시나리오를 뒷받침해줄 수 없는 경우라면, 아무리 돈이 필요하다 해도 자신을 속이지 마라. 어떤 경우든 당신이 짠 최상의 시나리오는 실제로 실행 가능해야 한다. 그렇지 않을 경우 당신은 자신의 사업을 낭떠러지 밑으로 밀어버리게 될 것이다.

그리고 최악의 시나리오를 짜보는 것도 가치 있는 일이라는 사실을 간과하면 안 된다. 아무리 상황이 잘못되어간다 해도 내심 자기 사업만은 여전히 건재할 거라고 믿고 싶을 것이기 때문이다. 그러나 정말 최악의 상황이 벌어진다면 어찌 될까? 사람들은 너나할 것 없이 다 모든 게 잘 돌아갈 거라 믿고 싶어 하지만, 일이 잘못될 경우 사업과 관련해 어떤 숫자들을 보게 될 건지도 잘 안다. 만일 당신이 사업상 목표치의 절반 정도밖에 달성하지 못한다면 어쩌겠는가?

그래서 일단 마음 한 구석에서는 늘 최악의 시나리오를 생각하고 있는 게 좋다. 어쨌든 당신은 돈이 필요하지만, 그 과정에서 자신을(또는 은행을) 속이는 것은 절대 금물이다. 숫자들은 그렇지 않은데, 어떤 계획이 제대로 이행될 거라고 스스로를 설득하지 마라. 왜? 조만간 최악의 상황이 벌어질 것이고, 그러면 당신은 자신이 살아남을 수 있을지 어떨지를 알게 될 테니까. 현실적으로 80퍼센트 정도의 확률로 당신의 사업은 최상의 시나리오보다는 최악의 시나리오대로 돌아간다. 그러니 최악의 시나리오 속에서도 당신 기업이 살아남을 수 있는 방법을 찾아내야 한다.

설사 은행에서 대출을 해주지 않는다 해도 포기하면 안 된다. 다양한 방법으로 자금을 조달할 수 있다. 팁이 하나 있는데, 만일 법인카드가 아직 없다면 하나 만들어라. 법인카드를 사용하면 어느 정도 필요한 자금을 끌어올 수 있을 뿐만 아니라, 책임감 있게 잘 쓸 경우 기업의 신용 등급을 올리고 신용 이력을 쌓는 데 도움이 된다. 그러면 다시 은행 대출을 신청할 수 있는 여지가 생길 수도 있다.

내가 미국 TV 리얼리티 쇼 〈빌리언 달러 바이어〉에서 소개한 바 있는 수영복 기업 니콜리타에 대해 걱정했던 것도 바로 이런 운전자본 문제였다. 니콜 디 로코Nicole Di Rocco를 대표 브랜드로 내세우고 있는 이 독특한 수영복 제조업체는 한 백화점과 납품 계약을 맺었는데, 재협상을 거치면서 그 백화점 측과 맺은 계약 조건이 바뀌었고 여기서 문제가 생겨났다. 결제 방식이 제품 인수 90일 후 결제 방식으로 바뀌었는데, 그 90일간의 공백을 메워줄 운전자본이 충분치 않았던 것이다.

기업 대표인 니콜이 나와 만났을 때, 다행히 그녀는 사업을 키우려면 충분한 운전자본이 필요하다는 걸 인정하고 있는 상태였다. 프로그램을 통해 나와 함께 일하고 회사의 문제점을 극복하기 위해 끊임없이 노력한 그녀는 대출을 크게 늘릴 수 있었고, 그 덕에 결제를 받기까지 90일을 기다려야 하는 문제를 극복할 수 있었다. 그뿐이 아니었다. 그녀는 나와 17만 5,000달러 상당의 수영복 거래 계약을 맺었다. 수영복을 내 소매점들에서 파는 건 물론이고 내가 운영하는 리조트들에도 납품할 수 있게 되었다. 이 모든 것은 그녀가 소규모 기업이 성장하려면 그 무엇보다 운전자본이 필요하다는 걸 빨리 깨달은 덕이었다.

가장 중요한 건 운전자본이다. 현금이 중요하다는 걸 잊지 마라. 현금 여유가 없는 기업은 매일같이 아주 위험한 불장난을 하고 있는 거나 다름없다.

틸만의 목표

- 운전자본은 모든 기업의 생명줄이다.
- 대출은 현금을 확보하는 가장 좋은 방법이다.
- 설사 당장 필요하지 않더라도 잘 나갈 때 돈을 빌려라.
- 마음속에 늘 최악의 시나리오를 갖고 있도록 하라. 모든 게 잘못된다 해도 어떻게든 사업은 살려야 한다.

부동산의 함정

새로 사업을 시작하는 기업가들은 모두 제품, 생산, 인건비, 마케팅 같은 일반적인 것들에 많은 신경을 쓴다.

물론 그런 것들도 전부 더없이 중요한 문제들이다. 그러나 많은 기업가들의 레이더에 걸리지 않아 종종 무시되고 마는 문제가 존재한다.

바로 부동산 임대다.

부동산 임대는 얼핏 보면 비교적 중요하지 않은 문제로 보일 수도 있다. 어쨌든 부동산은 그저 사업을 하는 장소에 지나지 않으니 말이다. 목적에 잘 맞는 장소를 확보했고, 임대료를 예산에 포함시켰으면 그만이지 달리 무슨 문제라도 있다는 말인가?

그렇다. 다른 문제가 많다.

부동산이 당신의 발목을 잡을 때

자, 4장에서 제기했던 문제로 되돌아가보자. 향후 사업 계획을 짤 때 기업가들은 대개 모든 상황과 자원들이 기계식 시계처럼 완전무결하게 돌아갈 것으로 기대하며 이런저런 로드맵을 만든다. 또한 기업 역사상 아마 그 어떤 기업가도 자신의 모험이 성공할 거라는 자신감 없이 뭔가를 시작하진 않았을 것이다.

그러나 그렇게 성공적인 계획을 짜는 것도 좋지만, 훨씬 덜 성공적인 플랜 B를 세워놓는 것도 가치가 있다. 물론 이러한 플랜 B는 본인만 알고 있으면 된다. 아무튼 일이 잘못되어 당신 기업이 악전고투를 벌이거나 더 이상 살아남지 못하게 될 경우 어떤 일들이 일어날지 다 예측해봐야 한다.

부동산 임대 문제가 특히 부정적인 형태로 표면화하는 것도 바로 그럴 때다.

만일 당신 기업이 악전고투를 벌이거나 완전히 파산하게 될 경우, 그리고 당신이 모든 걸 포기하기로 마음먹을 경우(내가 보기에 많은 기업들이 너무 일찍 포기하는데, 당신은 조금 더 버티다가 포기할 것이라고 치자) 사업을 하기 위해 빌린 부동산은 어떻게 될까? 만일 사전에 조치를 취해놓지 않으면 계속 임대료를 내야 한다. 실제 그런 일이 비일비재하다.

이 문제에 대해 좀 더 깊이 생각해보자. 당신은 5년 임대 조건으로 매달 5,000달러 정도의 비교적 적은 부동산 임대료를 내고 있을 수도 있다. 그런데 만일 일이 잘못되어 어쩔 수 없이 사업을 접게 될 경우 모든 게 갑자기 멈추지만 임대료만은 멈추지 않는다. 만일 2년 동안 사업을 하고 접었다면, 5년 임대 조건이므로 이후 3년간 매달 5,000달러씩 총 18만 달러를 더 내야 한다. 부동산 주인이 당신 대신 다른 임차인을 찾지 못할 경우, 당신은 이미 사업을 접고서도 한참 동안 계속 임대료를 내야 할 수도 있는 것이다.

그런데 많은 기업가들이 부동산 임대차 계약과 은행 대출 계약이 비슷하다는 사실을 인지하지 못한다. 그 돈은 무슨 일이 있어도 갚아야 한다. 은행과 마찬가지로, 부동산 주인은 어떻게든 그 돈을 받아내려 할 것이다.

만일 임대료 내는 것을 거부할 생각이라면 조심하라. 어떤 부동산 주인이든 마찬가지겠지만 부동산 주인은 임차인을 상대로 소송을 제기해 모든 자산을 압류할 수 있다. 그리고 돈을 빌려준 은행과 마찬가지로, 부동산 주인 역시 자신이 압류한 자산들에 대해 얼마든지 자신의 권한을 행사할 수 있다. 부동산 임대차 계약서에 서명하는 것은 어음에 서명을 하는 것과 똑같다. 일단 계약서에 서명하면, 임차인은 그 임대와 관련해 내야 할 돈을 다 내야 한다.

이런 상황이 앞으로 몇 년간 목을 죄어올 것은 불 보듯 뻔하다. 예를 들어 당신이 빌린 공간에서 하던 사업을 접고 집이나 차고에서 사업을 계속한다 해도, 당신은 더 이상 사용하지 않는 공간에 대해 계속 임대료를 지불해야 할 의무가 있다. 기존의 사업을 포기하고 완전히 새로운 사업을 시작할 경우 또 어떻겠는가? 당신은 밀린 임대료 때문에 계속 머리 위에 금전적 부담을 이고 다녀야 하는데, 이게 때로는 아주 큰 부담이 될 수 있다.

유리하게 계약하는 전략

다행히 상황이 그렇게 절망적인 쪽으로 흘러가지 않을 수도 있지만, 그래도 임대차 계약서에 서명할 때는 그에 앞서 몇 가지 전략을 세우고 부동산 주인과 협상을 잘해야 한다.

우선 사업을 하면서 모든 비용을 충당할 만한 수입을 내지 못할 경우 계약을 중도 해지할 수 있다는 조항을 삽입하도록 협상해보라. 예상 수입이 일정 목표에 도달하지 못할 경우, 부동산이 발목을 잡을 것이기 때문이다. 일명 '인수 조항buyout clause'인데, 이는 임대 계약 기간을 다 채우지 않고 계약을 끝낼 수 있게 돕는 조항이다. 이런 조항을 추가할 경우의 단점은 비용이 발생한다는 것으로, 나머지 임대 기간에 내야 할 금액의 일정 비율을 임차인이 내게 되어 있다. 이 비율은 계약을 맺을 당시의 시장 상황이 어떤지 혹은 부동산 주인이 당신 대신 새로운 임차인을 찾는 것에 얼마나 자신이 있는지에 따라 비용이 조금씩 달라지는데, 달러 당 무려 50센트의 돈을 내야 할 수도 있다.

또 다른 전략은 임대 기간을 전략적으로 잡는 것이다. 우선 비교적 새로운 사업을 시작하는 경우라면, 임대 기간을 길게 잡는 건 좋은 아이디어가 아니다. 임대 기간이 길어지면 당신 사업이 성공하지 못할 경우 감당해야 하는 당신의 부채 기간 또한 길어진다. 경험상 부채 기간을 줄이려면 임대 기간이 짧을수록 좋다.

물론 부동산 주인은 짧은 임대 기간이 그리 달갑지 않을 수 있다. 그 사람의 입장에서는 임차인이 가능한 한 임대 계약에 오래 묶이는 게 가장 안전하고 수익도 높기 때문이다.

이 문제는 임대 계약에 기간 옵션을 추가함으로써 해결할 수 있다. 그러니까 일단 2년의 임대 계약으로 시작하고, 계약 기간이 끝날 때 기간을 2년 또는 3년 늘리는 식으로 갱신하는 옵션을 추가하는 것이다. 이 경우 당신과 부동산 주인 모두 융통성을 갖게 되지만, 부동산 주인 입장에서는 이런저런 옵션이 추가될 경우 매달 내는 임대료를 늘리려 할 가능성이 높다.

그러니 계약 기간에 옵션을 둘 생각이라면 협상을 잘해 당신에게 유리한 옵션을 둘 수 있게 하라. 예를 들면 임대차 계약서상에 임대 기간에 대한 추가 옵션은 당신의 권리라는 점을 분명히 명시

해두는 것이다. 다시 말해 당신이 계약 조건들을 충실히 이행하는 한 부동산 주인은 당신이 제시하는 추가 임대 기간에 동의해야 하는 방식으로 가는 것이다.

임대 계약과 관련된 또 다른 전략은 사업이 제대로 풀리지 않을 경우 당신이 다른 누군가에게 해당 부동산을 재임대할 수 있는 옵션을 갖는 것이다. 이 경우 누군가가 당신의 임대 계약을 실질적으로 넘겨받음으로써, 당신은 더 이상의 금전적 책임을 지지 않아도 된다. 이때 일어날 수 있는 분쟁의 여지를 없애려면, 새로운 임차인이 재정적으로 자격이 충분할 경우 뭔가 합당한 이유가 없다면 부동산 주인이 그 재임대를 인정해주어야 한다는 점을 분명히 해두어야 한다.

들어라! [Listen]

물론 이 모든 건 임대차 계약서에 서명하기에 앞서 당신이 세심한 주의를 기울여야 할 일들이다. 비교 가능한 여러 부동산을 놓고 임차인이 아닌 임대인의 입장에서 계약을 맺는 기분으로 이 일에 임하여 금전적으로 당신의 책임을 이행하는 데 문제가 없게 하라. 그리고 임대와 관련된 모든 비용을 제대로 파악하도록 하라. 시설 및 다른 비용들에 대한 당신의 의무는 물론이고 임대료를 상승시킬 수 있는 계약 내용이 있는지 꼼꼼히 살펴야 한다.

이런 문제들을 처리하기 위해 경험이 많은 부동산 전문 변호사의 도움을 받는 것도 좋은 생각이다. 잘하면 임대를 불필요한 부채가 아니라 사업에 꼭 필요한 소중한 요소로 만들 수 있다.

틸만의 목표

- 인수 조항이나 재임대 같은 옵션들을 비롯해 가능한 한 빨리 임대차 계약에서 빠져나올 수 있는 방법들에 대해 잘 알아보라.
- 가능하면 단기 임대차 계약을 맺도록 하라. 계약 갱신 옵션을 임차인이 선택할 수 있다면 가장 이상적이다.
- 부동산과 관련된 모든 숫자에 대해 잘 알아야 한다.
- 상업용 부동산 계약 경험이 많은 변호사의 도움을 받아 가장 유리한 계약을 맺어라.

<blockquote>
Chapter

6
</blockquote>

숫자, 숫자, 숫자

이 책에서 다루고 있는 각종 아이디어들과 주제들, 그리고 내가 진행하는 TV 프로그램 〈빌리언 달러 바이어〉를 보면 알 수 있겠지만, 나는 기업가들과 함께하는 걸 좋아한다. 거기에는 그럴 만한 이유들이 여럿 있다.

기업가들에게는 우선 비전이 있다. 용기도 있다. 자신의 아이디어와 제품에 대해 헌신적으로 노력한다. 게다가 다른 사람들 같으면 쉽게 포기할 만한 때에도 계속 밀어붙이며 앞으로 나갈 배짱도 있다.

그런데 안타까운 것들도 있다. 특히 기업가들이 자신의 사업에 관련된 숫자들을 제대로 모르는 것만큼 안타까운 것도 없다. 안타

까워 미칠 지경이다.

여기서 말하는 숫자란 당신 사업과 관련된 모든 숫자를 뜻한다. 보급품비, 생산비, 인건비, 판매가, 이윤 등등. 구구절절 설명하지는 않겠다. 내가 무슨 이야기를 하려 하는지만 정확히 알면 된다. 그리고 잘 모르겠거든, 직접 알아보도록 하라.

숫자를 알라. 숫자는 거짓말을 하지 않는다.

숫자도 모르면서

당신이 기업가라면 아마 사업과 관련된 모든 숫자들이 아주 중요하다는 건 잘 알 것이다. 아니, 반드시 알아야 한다. 그런데 그간 온갖 종류의 기업가들을 다 만나봤지만, 놀랍게도 정말 많은 기업가들이 숫자들을 속속들이 잘 알고 있지 못했다.

사업과 관련된 숫자들은 기업의 생명줄이나 다름없다. 그 숫자들에는 당신 사업이 그간 어땠는지, 지금은 어떤지, (가장 중요한) 앞으로 어찌 될 건지에 대해 당신이 알아야 할 모든 것들이 담겨 있다. 사업 전체를 아우르는 가장 소중하고 정확한 정보들이 바로 숫자에 담겨 있다.

그렇게 중요한 수치들에 대해 잘 모르고 있다면, 정말 너무도 많은 일들이 필요한 관심을 받지 못한 채 그냥 흘러가고 있는 것이다.

마찬가지로 안 좋은 일이지만, 숫자들에 대해 기본적인 지식을 갖고 있는 기업가들조차 필요한 만큼 자세히는 모르는 경우가 많다. 내 관점에서 기업가라면 필요한 숫자들을 소숫점 이하까지 정확히 알고 있어야 한다. 예를 들어 기업가들은 자기 사업장의 비용 중 전기, 수도, 가스 등 에너지 비용이 차지하는 비중이 정말로 정확히 4퍼센트인지를 알아야 한다. 당신이 만일 에너지 비용을 소숫점 이하 한 자리까지 알고 있다면, 그 숫자들의 어디가 어떻게 잘못됐는지 알 수 있다.

월말에서 30일 또는 45일 정도 지났을 때 갑자기 적자라는 사실을 깨닫고 놀라고 싶진 않을 것이다. 그래서 늘 모든 숫자를 정확히 알고 있어야 한다. 더 구체적일수록 더 좋다. 숫자들을 정확히 알고 있어야 가장 정확한 정보를 바탕으로 자신 있게 올바른 결정을 내릴 수 있다. 힘든 결정들을 내릴 때 특히 더 유용하다.

나는 매일매일 내 사업과 관련된 모든 수치들을 정확히 알고 있기 위해 애쓴다. 또한 예산 파악을 하루 업무 중 최우선순위로 둔다. 또한 사업이 어떻게 되어가고 있는지를 수익성 관점에서 파악하기 위해 주간 예산 및 월간 예산도 짠다. 내 여러 사업들에 대한 이른바 '긴급 보고서flash report'도 매일 작성한다. 이 긴급 보고서에는 우리 사업이 어느 지점에 서 있는지를 보여주는 더없이 중요한 정보들이 들어 있다. 재정적인 관점에서 사업이 매일 어떻게 돌아가고 있는지 아는 것은 제품이나 서비스를 파는 일만큼이나 중요한 일이다.

당신 또한 나처럼 할 수 있고, 또 해야 한다. 매월 임대료, 지불해야 할 인건비, 매출원가*, 영업비** 등을 계속 확인하고 추적하고 매출액과 비교해야 한다. 들어오는 수입과 나가는 비용들을 비교하면 당신이 지금 돈을 벌고 있는지 또 모든 게 예산대로 돌아가고 있는지 아닌지를 알 수 있다. 간단하지만, 성공에 꼭 필요한 부분이다.

만일 당신 사업이 상승세를 타고 있다면, 수입과 각종 비용들에 대해 아주 세세한 부분까지 다 알고 있어야 한다. 재고, 간접비, 인건비, 보급품비 등등을 정확히 파악하지 못하면 사업을 다음 단계로 끌고 올라가는 게 훨씬 더 힘들어지게 된다. 제대로 된 결정을 내리지 못하고, 모든 일에 신속하게 대처하지도 못하고, 제대로 된 결정을 내리지도 못하며, 좋은 기회들도 허망하게 다 날려버리게

---

* 판매된 상품의 생산원가. 기초·기말 재고자산 잔액의 차액에 당기순매입액을 더해 계산한다.

** 영업활동을 위해 소비된 비용. 보통 판매비 및 일반관리비를 포괄한 비용을 가리킨다.

된다. 사업과 관련된 숫자들이 그 모든 걸 제대로 해낼 수 있는 상태인지 아닌지를 알려주는데 그걸 모르기 때문이다.

당신 사업이 악전고투 중일 때 숫자가 더욱 중요하다. 구체적이고 정확한 정보가 없을 경우, 사업이 고전하는 이유들을 알아낼 수가 없다. 어떤 특정 분야가 문제가 있다고 결론을 내리고 조치를 취하다가, 나중에서야 각종 숫자들에 대한 정확한 정보가 없어 엉뚱한 결론을 냈다는 사실을 알게 되는 것이다.

그렇다면 언제 그런 사실을 알게 될까? 안타깝게도 사업을 완전히 접고 부동산 주인에게 사무실 열쇠를 넘겨줄 때인 경우가 너무나도 많다.

숫자를 '제대로' 안다는 것

숫자들을 속속들이 안다는 것이, 단순히 숫자들을 아는 걸로 끝나선 안 된다. 그 숫자들을 향후 사업 계획에 집어넣어 봄으로써 모든 수치가 계획에 맞게 제대로 관리되고 있는지를 알아야 진짜로 숫자를 아는 것이다.

이는 앞에서 가능한 한 가장 유리한 임대차 계약을 맺으라는 얘기를 하며 잠시 언급했던 얘기이기도 하다. 현재 사용 중인 공간에 비해 임대료가 적절한지, 그러니까 현재의 임대차 계약이 적절한지를 알아야 한다. 현재 임대 계약을 맺고 사업 중인 도시 내에 프리미엄, 즉 할증료를 내도 좋을 만큼 잘 나가는 지역이 있는가?

다른 숫자의 경우도 마찬가지다. 예를 들어 현재 지불 중인 인건비는 예산 범위 내에 있어야 한다. 수도세나 전기세 같은 에너지 비용 역시 특정 금액 이상이 돼서는 안 된다. 이런 식으로 각종 숫자들을 하나하나 점검해보면, 당신 사업에서 어떤 부분이 탄탄하고 또 어떤 부분이 손질이 필요한지 보다 폭넓은 그림을 그릴 수 있게 된다.

숫자들은 사업과 관련된 상대를 설득할 때 꼭 필요한 요소이기도 하다. 특히 은행이나 기타 대출 기관과 대출 상담을 할 때 더욱 중요하다. 각종 숫자들에 대해 속속들이 잘 알고 있어야 한다. 그리고 잠재적 사업 파트너(예를 들어 나 같은 사람)를 설득할 때도 각종 숫자들을 정확히 다 알고 있어야 이야기가 순조롭게 흘러갈 것이다.

그러나 이제 막 사업을 시작한 기업가들과 얘기를 하다 보면, 대화가 너무도 자주 (사실 반드시) 이런 식으로 흘러간다.

내가 먼저 묻는다. "인건비가 어떻게 되나요?"

그가 답한다. "음…… 그게……."

내가 다시 묻는다. "현재 직원이 몇 명인가요?"

"11명이요."

"그 11명의 직원들이 매출을 200만 달러에서 400만 달러로 늘

려줄 수 있을까요?"

"저…… 그게……."

"만일 그럴 수 있다면, 당신은 사실상 그 직원들의 인건비를 절반으로 깎고 있는 셈입니다. 안 그런가요?"

"음…… 그게……."

계속 이런 식이다. 매상 총이익과 순이익을 포함한 이익이 꾸준히 늘고 있는가? 돈은 더 많이 돌고 있는데, 수익은 조금 늘었거나 같은 상태에 답보하고 있지는 않은가? 이런 의문에 대한 그들의 답은 대개 혼돈 그 자체다. 아예 숫자를 몰라서라기보다는 어떤 숫자를 어떻게 다뤄야 할지 모르는 것인데, 예를 들어 인건비와 임대료를 합해 기억한다거나 그 둘을 한데 묶는 경우다.

어찌 됐건, 나는 자기 회사의 각종 숫자들에 대해 제대로 아는 사람이 너무도 적다는 사실에 늘 놀라곤 한다. 사실 나는 새로운 사업을 시작한 기업가들을 만나면, 그가 자기 사업이 돌아가는 꼴을 제대로 파악하고 있는지 여부를 3분 이내에 알 수 있다.

어떤 숫자가 중요한가

여기서 한 가지 의문을 제기할 수 있다. 내가 만일 3분 이내에 한 기업의 수치들이 좋은지 어떤지를 알 수 있다면, 대체 어떤 숫자를 보고 그걸 알겠는가?

물론 제일 먼저 매출액을 본다. 그 다음에는 매출원가를 본다. 그 다음에는 영업비를 비롯한 각종 비용들을 본다. 물론 신경 써야 할 다른 수치들도 많지만, 이것들이 가장 중요한 숫자들이다.

대부분의 기업가들은 숫자를 너무 간단하게 생각한다. 돈을 더 많이 벌려면 수익을 늘리면 된다는 식. 맞는 말이지만, 늘 그런 건 아니다. 예를 들어 인건비가 25퍼센트를 차지하는 기업의 경우 그 비용을 낮추면 바로 수익이 늘어난다(이는 내가 〈빌리언 달러 바이어〉에서 늘 얘기하는 주제이기도 하다). 또한 이런저런 비용들이 계속 는다면 판매를 늘려도 별 의미가 없다. 이런 종류의 지식과 분석력을 갖는 것은, 그러니까 각종 수치에 대해 속속들이 아는 것은 당신의 사업을 다음 단계로 끌어올리는 데 꼭 필요한 일이다.

그렇다고 해서 모든 기업가들이 숫자의 대가가 되어야 한다는 의미는 아니다. 당신이 회사를 운영하기 위해 애를 쓰고 있지만 계속 각종 비용이나 매출 같은 수치들을 파악하는 게 힘들다면, 서둘러 그런 일을 잘하는 사람을 채용하면 된다. 물론 너무 늦어져서는 안 된다.

방식이 어떻든, 기업가는 숫자들을 잘 모르면 살아남을 수가 없다. 그래서 숫자가 가장 중요하다는 것이다. 그러니 숫자 알기를 소홀히 하지 마라.

- 당신의 사업을 한 단계 끌어올리기 위해 사업과 관련된 각종 숫자들을 파악하라.
- 매일 긴급 보고서를 쓰고 무엇보다 우선적으로 예산을 짜라.
- 각종 숫자들에 대해 잘 알아라. 그래야만 사업과 관련해 누군가를 설득할 수 있다.
- 각종 수치들을 속속들이 알고 있지 못하거나 그럴 수 없을 경우, 그런 일을 잘하는 사람을 채용해 도움을 받아라.

95대 5의 법칙: 당신의 5는 무엇인가?

The 95:5 rule
What's your "five"?

사업에는 온갖 종류의 공식들이 적용될 수 있다. 그러나 내 경우 사업이 잘 풀려나가게 하거나 힘들지만 계속 살아남기 위해, 늘 간단한 원칙을 활용해 정말 중요한 일들에 관심을 쏟으려 한다.

그 원칙을 나는 95대 5 원칙이라 부른다. 어느 정도 성공한 기업들은 대개 자신들이 하는 일의 95퍼센트에 능하다. 그러나 그 기업들이 더 크게 성공하느냐, 아니면 주저앉느냐를 결정짓는 것은 나머지 5퍼센트이다.

들어라! [Listen]

95대 5 원칙에 주목하라. 자신이 잘하는 95퍼센트에 주목하지 말고, 그 외의 5퍼센트를 찾아내 해결하라!

나는 많은 기업들이 이 문제와 씨름하는 걸 수없이 봐왔다. 그런 기업들은 그 중요한 나머지 5퍼센트를 제대로 알아내지 못한다. 이미 잘 돌아가고 있는 95퍼센트의 일들에 대해 쓸데없는 걱정을 하느라 시간을 낭비하는 경우도 있다. 또는 제대로 돌아가지 않는 5퍼센트에 대해 잘 알지만 그것들을 바로잡기 위해 어찌 해야 하는지를 모르는 경우도 있다. 어쩌면 그 5퍼센트가 그렇게 중요하다는 사실을 믿고 싶지 않은지도 모른다.

그 5퍼센트는 그냥 중요한 정도가 아니라 절대적으로 중요하다. 그리고 5퍼센트는 온갖 형태로 나타날 수 있다.

5퍼센트라고 하면 별 것 아닌 것처럼 보일지 모르나, 사실 그렇지 않다. 3부에서 나는 5퍼센트를 어떻게 알아내는지, 또 사업을 더 성공하게 만들려면 무엇을 해야 하는지를 설명할 것이다.

당신의 '5'를 알아내는 법

얼핏 보기에 95대 5라는 비율은 전혀 균형이 맞지 않는 비율로 보일 수도 있다.

나는 온갖 종류의 기업가들로부터 이런 말을 들었다.

"대체 어떻게 5퍼센트밖에 안 되는 게 제 사업에 그리 큰 도움이 되거나 해가 되죠? 다른 대부분의 것들은 다 잘 돌아가고 있는 상황에서 그토록 적은 비율을 차지하는 일들이 그렇게 중요하다고요? 진짜인가요?"

내 말을 믿으라.

5퍼센트가 그리 중요할 수 있다.

자, 이 모든 걸 좀 더 자세히 들여다보도록 하자.

5퍼센트를 어떻게 찾아내는가

여기서 말하는 95퍼센트란 사업에서 아주 잘 돌아가고 있는 부분들을 뜻한다. 음식, 서비스 혹은 주변 경치 같이 당신 사업이 갖고 있는 핵심 장점들 말이다.

내 식당 체인들의 경우 꾸준히 유지되는 음식의 질, 모든 시설의 청결, 식당 종업원들의 친절 등 기본적인 것들이 95퍼센트에 해당한다. 나는 우리 직원들이 늘 제대로 교육받고 있고, 음식이 늘 정확하게 고객에게 나가고, 메뉴가 늘 새로워지고 있으며, POS 시스템을 비롯한 각종 첨단 기술들이 제대로 작동되고 있다는 걸 잘 안다. 꼭 필요한 시스템과 절차들이 잘 돌아가고 있기 때문에, 그게 나의 95퍼센트이다.

나머지 5퍼센트는 95퍼센트와는 전혀 다른 요소들이다. 이를 제대로, 그리고 꾸준히 관리하면 나의 식당들이 95퍼센트 수준을 넘어서게 된다.

중요한 5퍼센트는 다음과 같이 부정적인 형태로 나타날 수 있다.

• 종업원이 냅킨도 없이 음료수를 내온다. (이런 걸 볼 때마다 너무 화가 난다.)

- 4인용 식탁에 놓인 한 의자가 나머지 의자들과 전혀 어울리지 않는다.
- 완벽하게 조리된 음식이 엉뚱한 접시에 얹어져 나온다.
- 천장에 매달린 팬이 일정한 속도로 돌지 않는다.
- 주차장에 쓰레기와 담배꽁초가 여기저기 떨어져 있다.

그러나 그 5퍼센트가 늘 부정적인 건 아니라, 다음과 같은 형태로 나타날 수도 있다.

- 다시 찾는 고객들의 이름을 안다.
- 특정 고객이 어떤 자리에 앉는 걸 더 좋아하는지 안다.
- 특정 고객이 식사 중에 자주 시중 받는 걸 좋아하는지 아니면 그냥 내버려두는 걸 좋아하는지 안다.
- 고객이 화장실 위치를 모를 경우 직원이 직접 안내해준다.

이 모든 게 내가 말하는 5퍼센트에 해당되는 일이다. 잘 처리할 경우 당신의 기업을 다른 기업들과 완전히 차별화하거나 다음 단계로 끌어올려줄 수도 있고, 제대로 처리하지 못하거나 완전히 무시할 경우 사업이 잘되는 걸 가로막을 수도 있다.

이런 예들을 보면 5퍼센트를 찾아낸다는 게 아주 힘들 수도 있다는 걸 눈치챘을 것이다. 기업가 입장에서 사업을 키우려고 온갖 노력을 기울일 때는 뻔히 눈에 띄는 문제들, 그러니까 예를 들어 현금 흐름의 경색 내지 생산 관련 문제들에는 특히 많은 관심을 쏟을 수 있다. 그러나 눈에 띄지 않는 문제들도 있다.

"틸만은 1킬로미터도 넘게 떨어진 곳에 있는 수명이 다 된 백열전등을 알아본다."라는 우스갯소리가 있다. 어째서 그런 우스갯소리가 나왔을까? 내 경우 사업을 하면서 그야말로 온 관심을 다 쏟아 잘못된 부분을 찾아내려 애쓰기 때문이다. 나는 중요한 일은 그게 아무리 사소해도 꼼꼼히 살펴보는 훈련이 되어 있다. 그 때문에 일부 동료들은 피곤해 죽겠다고 하지만, 나는 그들의 그런 불만을 칭찬으로 받아들인다. 사업을 잘되는 수준에서 아주 잘되는 수준으로 밀어 올리려면 사소한 일들이 정말 중요하다.

5퍼센트는 누가 대신 찾아주지 않는다

때론 한 기업이 몇 년째 해오고 있는 일이 5퍼센트에 해당하는 경우도 있다. 그건 그 기업이 늘 써온 마케팅 방법의 문제일 수도 있고, 불필요하게 높은 비용 문제일 수도 있으며, 그 기업이 채택하고 있는 전략이나 관행일 수도 있다. 그런데 어떤 기업에서 5퍼센트 문제가 일종의 습관처럼 오래 계속된 경우라면, 때론 그 사실 자체가 그 기업이 힘들게 유지해온 제품 내지 서비스가 그만큼 뛰어나다는 방증일 수도 있다. 거꾸로 말하면 이것만 개선하면 그 기업은 앞으로 나아갈 수 있다는 뜻. 레이더에 걸리지 않는 5퍼센트 문제는 그렇게 중요하다.

기업가가 5퍼센트 문제를 알고 있는 경우도 많다. 문제는 그걸 어떻게 해결해야 할지 모른다는 것. 그는 이렇게 말할 수도 있다. "비용이 너무 많이 나간다는 걸 잘 압니다. 하지만 달리 비용을 줄일 방법이 없어요."

때론 문제가 뻔히 보이지만 그 문제를 바로잡기 위해 어떤 조치를 취하면 오히려 상황을 더 악화시킬 것 같은 경우도 있다. 멍청한 아들을 해고해야 한다는 걸 뻔히 알면서도 그렇게 하지 못하는 기업가에 대한 멍청한 농담을 연상케 하는 경우다. 그 기업가의 말. "나 참, 그런데 그놈 엄마가 나를 가만두지 않을 거라서."

5퍼센트 문제는 '95퍼센트는 충분히 잘 돌아가고 있다'는 현실 안주 의식에서 비롯되기도 한다. 물론 그 정도로 충분할 수도 있다. 그러나 당신이 무시하기로 마음먹은 그 5퍼센트가 평범한 기업과 정말 뛰어난 기업을 구분 짓는 차이일 수도 있다. 지역 또는 국가를 대표할 정도로 크게 성장하는 기업과 늘 소규모 상태 그대로 머물러 있는 기업과의 차이 말이다.

차를 주차한 뒤 식당 안으로 걸어 들어간다. 찌그러진 코카콜라 캔 또는 깨진 맥주병이 보인다. 식당 입구에 화분이 놓여 있는데 꽃

인지 풀인지 모를 말라비틀어진 무언가가 꽂혀 있다. 그 근처에 담배꽁초들과 사탕 포장지들이 나뒹군다. 식당 문을 본다. 유리가 얼룩덜룩 지저분하다. 닦지 않은 티가 난다.

이 모든 걸 다 관찰하는 데는 불과 1~2분밖에 안 걸린다. 하지만 나는 식당 안으로 들어가기도 전에 이 식당에서 어떤 경험을 하게 될지 뻔히 알 수 있다. 이 식당에서 멋진 서비스와 멋진 음식을 받게 될지, 아니면 다른 경험을 하게 될지를 바로 알 수 있는 것이다. 심지어 식당 안으로 들어가 보지도 않고 말이다.

이런 게 바로 내가 말하는 5퍼센트라는 것이다.

들어라! [Listen]

늘 5퍼센트 문제들을 세심히 살피는 것을 문화로 구축해야 한다. 그렇게 하라고 강력히 권하고 싶다. 사고하고, 결정하고, 행동할 때 늘 5퍼센트 문제를 최우선적으로 살피는 문화를 만들도록 하라. 그리고 어색해하거나 망설이지 말고, 다른 사람들에게도 5퍼센트가 얼마나 중요한지를 알려주도록 하라.

5퍼센트를 중시하는 문화는 기업 구석구석 스며들어야 한다. 그리고 당신 기업을 다른 그 어떤 기업보다 뛰어난 기업으로 만들고 싶다면, 함께 일하는 사람들에게 정말 중요한 건 문제없이 잘 돌아

가는 95퍼센트가 아니라 그 나머지 5퍼센트라는 사실을 인지시켜라. 당신부터 늘 5퍼센트를 세심히 살펴야 하며, 나머지 사람들 역시 그렇게 해야 한다. 다시 말해 일반 기업가나 직원들은 잊어버릴지 몰라도 뛰어난 기업가와 직원들은 사소한 일들에 대한 관심을 절대 놓지 않는다. 바로 이게 필요한 것이다.

당신의 직원들은 5퍼센트를 위해 능동적으로 일하는가? 당신이 만일 식당을 운영한다면, 종업원들에게 고객들의 접시에 신경 쓰라고 말하라. 만일 어떤 고객이 음식에 손을 대지 않았다면 매니저는 그 고객에게 다가가 이렇게 물어봐야 한다. "음식을 드시지 않으시던데, 무슨 문제가 있나요?" 고객들은 실망을 해도 아무 말도 안 하는 경우가 많기 때문이다. 그런 경우 반드시 뭔가 조치를 취해 해결해야 할 문제가 있는 게 아닌지 확인해야 한다.

이는 식당뿐 아니라 어떤 사업 분야에서든 마찬가지다. 만일 어떤 고객이 비싼 제품을 구입했다면 전화를 걸어 다음과 같은 질문을 해야 한다. "뭐 필요한 건 없으세요? 생각하셨던 만큼 우리 제품에 만족하시는지요?" 문제가 있을 수도 있고 없을 수도 있다. 그러나 당신이 조금만 노력을 기울인다면, 고객들은 자신이 당신한테 아주 소중한 존재라는 느낌을 갖게 되며 뭔가 문제가 생긴다 해도 바로잡을 수 있다.

나는 5퍼센트가 방 안의 온도조절장치와 비슷하다고 본다. 어떤 방이 너무 덥거나 너무 추울 경우 그 장치를 2도 정도만 조절하면 된다. 그 정도만 해도 방 안은 충분히 쾌적해지기 때문이다. 이 개념을 그대로 당신 사업에 적용해보라. 관심을 기울여야 할 5퍼센트의 문제들 가운데 1퍼센트만 개선해도 그 결과는 곧 나타난다. 온도조절장치로 온도를 조금만 조정해도 곧 방 안이 쾌적해지는 것처럼, 당신의 사업도 별 것 아닌 것 같은 변화만으로 큰 효과를 볼 수 있다.

모든 상황을 숫자의 관점에서 접근해보라. 1~2퍼센트의 변화가 경쟁업체에 맞서 당신의 기업을 얼마나 차별화할 수 있는지를 진지하게 생각해보는 것이다. 당신 사업에서 1~2퍼센트 정도 개선하는 건 별 것 아닌 것 같아 보일 수 있지만, 실은 아주 큰 수익 증가로 이어져 사업을 확장하거나 경쟁업체를 인수하는 데 도움이 될 수 있다.

5퍼센트를 해결하려고 접근할 때, 굳이 중요한 변화나 격변 같은 걸 생각하지 않아도 된다. 방 안의 온도조절장치를 10도 올린다고 가정해보라. 결코 쾌적해지지 않는다. 오히려 찜통 속에 들어앉은 듯 뜨거워질 것이다. 마찬가지로 온도조절장치를 10도 내리면 추워서 덜덜 떨게 된다. 어느 쪽이든 완전히 비효율적이며 역효과만 낳을 뿐이다.

기업의 경우도 마찬가지다. 기업을 다음 단계로 밀어 올리려면 자신의 기업을 다른 기업들과 차별화할 5퍼센트를 잘 조절해야 한다. 5퍼센트를 해결하기 위한 일의 파급력은 미세한 듯 강력하다. 급격한 변화나 급진적인 해결책을 모색하려다가 본의 아니게 이미 잘 돌아가고 있는 95퍼센트에 영향을 줄 수도 있다. 다시 말해 고장도 안 난 물건을 고치려 드는 꼴이 되는 것이다.

5퍼센트는 당신 손에 달렸다

절대 잊지 말아야 할 사항이 있다. 들어가는 글에서 언급한 '장애물'들과는 달리 이 5퍼센트 문제들은 완전히 통제 가능하다는 사실이다. 예를 들어 날씨나 정전 사태 등은 당신 통제권 밖의 일이지만, 5퍼센트의 문제들은 당신이 매일 잠자리에서 일어나 해결할 수 있는 문제인 것이다.

뛰어난 제품을 갖고 있으면서도 5퍼센트에 관심을 쏟지 않아 제대로 발전하지 못하는 기업들의 예는 얼마든지 있다. 재능과 창의성을 가진 사람들이 많은데도 불구하고 5퍼센트 문제들 때문에 결국 악전고투를 벌이게 되는 기업들을 말하는 것이다. (9장에서 다시 이야기하겠지만, 사업 파트너나 동료를 고를 때는 각종 장점들 간의 균형을 잘 잡아야 한다. 이건 창의적인 사람, 그리고 특별한 힘이나 능력을 가진 사람에게 꼭 필요한 전략인데, 갖고 있는 능력들이 서로 중복되기보다는 서로 보완이 될 수 있는 사람들을 찾아야 한다.)

기업에 안 좋은 영향을 주는 5퍼센트의 문제들은 일견 사소해 보이는 일들로 인해 생겨날 수 있다. '프로스트길 225'라고 써야 하는데 잘못해서 '오크길 225'라고 쓴 우편물 발송용 봉투, 사용법을 설명한 부분에 사소한 오자가 포함된 음식 포장지 등이 그 좋은 예시다.

당신이 '1킬로미터 바깥에서도 수명이 다 된 백열전등을 알아보는 능력이 있다'라는 우스갯소리를 듣는다면 칭찬으로 받아들여라. 너무나 사소해 보여서 다른 사람들은 놓치기 쉽지만 기업에 아주 큰 타격을 줄 수도 있는 일들을 당신은 알아볼 수 있다는 의미이니 말이다. 당신이 만일 사소해 보이지만 중요한 일들을 볼 수 있는 능력을 갖고 있는 기업가라면 그 능력을 계속 살려 나가고, 그런 능력이 없다면 반드시 그런 능력을 가진 누군가의 도움을 받아야 한다. 어떤 식으로든 늘 사소해 보이는 일들을 잘 지켜보도록 하라.

들어라! [Listen]

사업 파트너나 고객 또는 공급업자, 그 외에 당신 사업에 영향을 줄 수 있는 사람들의 말에 귀 기울여라. 그들에게 이런 질문을 던져보라. "내 사업과 관련해 한 가지 바꾸고 싶은 게 있다면 그게 무엇입니까?" 또한 온라인에 올라오는 리뷰나 피드백 등에도 관심을 가져야 한다.

5퍼센트를 제대로 알아내려면 뭐가 필요할까? 바로 다른 사람들의 시선이 필요하다. 잠시도 고객의 관점에서 보는 걸 멈추지 말라. 예를 들자면 이런 것이다.

한 식당 매니저가 어두워지기 전에 식당에 도착해 안으로 들어가 계속 그 안에서 일한다. 그냥 보기에는 뭐 딱히 문제없다. 그러나 이렇게 되면 이 매니저는 고객들이 해가 진 뒤 주차장에 들어가면서 보게 되는 것들을 볼 수가 없다. 신호등이 켜지지 않을 수도 있다. 쓰레기가 쌓여 있을 수도 있다. 누군가가 차창 밖으로 내던진 재떨이가 주차장 한가운데에 놓여 있을 수도 있다.

중요한 것은 고객 관점에서 경험할 수 있는 일들을 그대로 경험해봐야 한다는 것, 그리고 이 사실을 절대 잊지 말아야 하는 것이다. 내가 식당 매니저들에게 틈나는 대로 나가 식당 전체를 걸어 다녀보라고 촉구하는 이유이기도 하다. 고객들이 보는 그대로 보다 보면 중요한 5퍼센트를 제대로 해결할 수 있게 된다.

물론 모든 사업 분야에서 다 구내를 걸어 다녀볼 수 있는 건 아니다. 그러나 가능하면 신발을 신고 자주 걸어 다녀보라. 그리고 고객들한테 다가가 당신 직원들에게 어떤 대우를 받았는지 직접 물어보라. 고객들이 뭘 봤는가? 그들이 볼 때 당신 사업에 도움이 되는 일을 봤는가, 아니면 당신 사업에 안 좋은 영향을 줄 일을 봤는가?

절대 현실에 안주하려 하지 마라. 사업이 아주 잘 풀리고 있든 고전을 면치 못하고 있든, 5퍼센트의 문제는 너무나도 중요하기 때문에 세심히 살피는 일을 결코 잠시도 멈춰선 안 된다. 잘 돌아가고 있는 95퍼센트의 일들은 가만히 내버려두어도 나름대로 돌아갈 것이다. 왜냐하면 누군가는 신경 쓰고 있기 때문이다. 그러나 아무도 신경 쓰지 않아 제대로 돌아가지 않고 있는 5퍼센트의 문제들은 결국 그 누구도 원치 않는 방식으로 당신을 괴롭히게 될 것이다.

틸만의 목표

- 95대 5의 원칙을 머리에 새겨라. 당신 사업의 95퍼센트는 잘 돌아가고 있을지 몰라도 그 나머지 5퍼센트는 그렇지 못하니, 그 5퍼센트에 많은 신경을 써야 한다.
- 현실에 안주하지 마라. 늘 5퍼센트를 찾아 바로잡도록 하라.
- 5퍼센트는 사소할 수 있다.
- 고객의 눈으로 봐야 5퍼센트를 찾아낼 수 있다.

당신의 특장점은 무엇인가

다른 사람들도 마찬가지지만 많은 비즈니스 컨설턴트들은 사람들에게 자신의 단점들을 보강하기 위해 애쓰라고 조언한다. 그러니까 특히 취약한 부분들을 보강해 보다 원만하고 보다 능력 있는 사람이 되라는 생각에서 하는 조언이다.

물론 나 역시 취약한 부분들을 보강하기 위해 노력해야 한다는 생각에 반대하지 않는다. 나의 경우 취약한 부분들을 다 적자면 그 목록이 제법 길어질 것이고, 당신도 비슷할 것이다.

그러나 동시에 당신 자신의 장점들을 잊지 말아야 한다. 단점보다 중요한 건 장점이다. 이를 잘 활용해야 한다.

너 자신을 알라

우리 모두 자신이 잘하는 것과 못하는 것, 알고 있는 것과 모르는 것이 무엇인지 다 안다. 스스로 인정하고 싶어 하지 않을 수도 있지만, 사실 자신과 관련된 진실은 뻔히 보인다. 자세히 들여다보면 자신의 장점들이 무엇인지 알 수 있다. 다만 그런 장점들이 제대로 발휘되지 못할 뿐이다.

당신이 기업가라면, 아니 기업가가 아니더라도 자신의 장단점에 대해 스스로 솔직해질 필요가 있다. 사실 사람들이 흔히 하는 큰 실수들 중 하나가 자신의 단점을 인정하지 않으려 한다는 것이다.

내가 〈빌리언 달러 바이어〉를 진행하면서 지난 수년간(그리고 최근에 더욱 자주) 봐온 현상이 있는데, 기업가나 비즈니스맨들이 자신이 전혀 잘하지도 못하는 일을 잘한다고 확신하는 것이다. 어떤 사람들은 자신이 마케팅을 잘한다고 생각하고, 또 어떤 사람들은 자신이 사업을 키우기 위해 꼭 필요한 능력인 현금 흐름을 원활하게 관리하는 역량을 갖췄다고 생각한다. 또 많은 사람들이 자신은 사업을 키우는 데 필요한 모든 걸 잘 안다고 확신한다.

나의 경우 타고났다고 생각하는 능력이 몇 가지 있는데, 그중 하나가 내 자신이 잘하는 게 무엇이고 잘하지 못하는 게 무언지를 아는 능력이다. 가끔 하는 말이지만, 내 경우 차에 스스로 주유를 하려면 그 방법이 기억나지 않아 한참 생각해야 한다. 엔진 오일을 교환해야 한다고? 그렇게 어려운 일을 하느니 차라리 채찍을 맞겠다.

어떤 사람은 자동차 엔진을 뜯었다가 다시 조립하여 끼워 넣는다. 하지만 대부분의 사람들은 그런 그를 보며 존경심을 표하지 않는다. 그러나 내 입장에서 그는 세상에서 가장 똑똑한 사람이다. 페인트로 직선을 쭉쭉 잘 그리는 사람? 내가 선을 그리면 삐뚤빼뚤 그야말로 제멋대로다.

내가 잘하는 건 숫자를 다루는 일이다. 어떤 기업과 그 기업 관련 수치들을 보면, 그 기업이 제대로 성공할 수 있는지 여부를 금방 알 수 있다. 또한 나는 내가 그런 일을 잘한다는 사실도 잘 안다.

자기 자신에게 최대한 솔직하라. 자신이 무엇에 뛰어나고 무엇이 부족한지를 정확히 파악하라.

자신에게 솔직하지 못할 경우 사업을 모든 측면에서 성장시킬 수 없을 뿐 아니라, 능력 간에 균형을 맞춤으로써 성장을 지속하는 것도 어려워진다. (이에 대해서는 다음 9장에서 좀 더 자세히 다루도록 하자.)

특장점을 어떻게 강화할 수 있을까

기업가들, 특히 젊은 기업가들은 늘 내게 다시 학교로 돌아가 경영학 석사 학위라도 따야 하는 건 아니냐고 묻는다.

그 질문에 대한 내 대답은 늘 같다.

그럴 필요가 있다면 스스로 알게 될 거라는 것.

자신이 사업에 적응해 일을 잘 해나가게 되는지, 아니면 뭔가 부족한 면이 있어 정식 교육을 좀 더 받을 필요가 있는지를 알게 된다는 것이다. 경영학 석사 학위를 따는 것은 기업가로서의 전반적인 역량을 높이는 한 방법이며, 그렇게 키운 역량을 활용해 사업을 다음 단계로 끌어올릴 수 있다.

그런데 학교 공부를 더 한다고 해서 반드시 경영학 석사 학위를 따야 한다는 의미는 아니다. 〈빌리언 달러 바이어〉의 한 에피소드에서 화장품 회사를 운영하는 케이틀린 피코는 효과적인 사업 계획을 수립하고 다듬기 위해 휴스턴대학교 기업가 양성 학교의 도움을 받는다. 당신도 그렇게 할 수 있을 것이다. 미국 전역에는 기업가들로 하여금 사업 전략 등을 훨씬 더 효율적으로 짤 수 있게 해주는 온라인 또는 현장 비즈니스 프로그램들이 얼마든지 있다.

공부를 더 하는 것은 자신한테 부족한 비즈니스 역량을 강화하는 기회일 뿐 아니라, 자신이 이미 잘하고 있는 일들을 더 잘하게 해주는 길이기도 하다. 결국 모든 것은 다시 이 장의 주제와 연결된다. 자신이 잘하지 못하는 것들은 개선하고, 자신이 잘하는 것들은 최대한 잘 활용하고 강화해야 한다는 것 말이다. 만일 자신에게 창의력이 있다는 걸 안다면, 그걸 최대한 활용하도록 하라. 그게 아니라 숫자들에 밝다면, 그 능력을 최대한 활용하는 것이다.

때로는 자신의 장점이 숫자 계산 같은 특정한 비즈니스 역량이 아닐 수도 있다. 예를 들어 집념과 열정이 그것이다. 내가 모든 기업가들에게 늘 강력히 권하는 것들 중 하나가 절대 포기하지 말라는 것이다. 완전히 두 손 두 발 다 들기 전까지는 절대 패배를 인정하지 않는 것, 이걸 고집이라고도 하고 자신감이라고도 하지만, 분명 장점이다. 당신이 "너는 절대 해낼 수 없을 거야."라고 말하는 주변 모든 사람들과 그 외 모든 비관론자들을 무시할 수 있다면, 그건 당신이 의지해도 좋은 장점이다.

이따금 자신의 장점이 무언지 잘 모르는 기업가들이 있다. 그런 사람들은 어쩌면 너무 겸손해서 자신의 개인적인 장점을 들먹이지 않는 건지도 모른다. 아니면 그 반대로 '나는 모든 것에 능해, 단 한 가지 장점만 들어보라면 못해.' 이런 식으로 생각하고 있는 것일 수도 있다.

간단한 의견 청취가 도움이 될 수 있다. 그러니까 당신의 사업 파트너들한테 당신의 특별한 장점들이 뭐라고 생각하는지 물어보는 것이다(그리고 그들의 의견을 듣고 우쭐해한다거나 자존심 상하지 말고, 당신 역시 그들의 장점들을 말해줘야 한다). 당신이 예상한 말들을 들을 수도 있지만, 예상 밖의 놀라운 말들을 들어서 기분이 좋아질 수도 있고 거꾸로 실망할 수도 있다. 이처럼 다른 누군가의 의견을 들을 경우 사업에 적용할 수 있는 당신의 장점들을 정확히 아는 데 도움이 될 수 있다.

또한 당신이 무엇에 자신 있는지를 다른 사람들이 알게 되는 걸 두려워하지 마라. 예를 들어 당신이 숫자들을 분석하는 일에 능하다면, 그리고 주변 사람들 가운데 창의적인 사람이 숫자들을 보지 못한다면, 당신의 장점과 주변 사람의 장점을 교차시켜 사업에 최대한 반영하도록 하라.

> **들어라!** [Listen]
>
> 장점을 파악했다면, 이를 잘 활용하기 위해 그 장점의 성질을 파악해 이를 강화하기 위한 행동에 옮기도록 하라. 어떤 사람의 경우 학교로 되돌아가 경영학 석사 학위를 따야 할 것이다. 어떤 사람의 경우는 자신이 잘하는 게 뭔지를 파악해 그 장점을 자신의 사업에 써먹어야 할 것이다.

기업가는 자신의 장점들을 무시하고서는 발전할 수가 없다. 잘하지 못하는 것들을 더 잘할 수 있게 되는 것도 중요하지만, 당신이 잘하는 것들을 제대로 활용하는 것 역시 중요하다. 어쨌든 당신이 사업을 시작하게 된 것도 결국 뭔가 잘하는 게 있었기 때문 아니겠는가.

틸만의 목표

- 단점들을 보강하되, 장점을 최대한 잘 살려야 한다.
- 사업 파트너들에게 당신의 장점이라고 생각하는 것들을 말해달라고 하라.
- 자신의 장점을 사업을 위해 쓰는 걸 두려워하지 마라.

마지막 '5'는 사람에 달렸다

사업 실패가 뻔히 보이는 경우는 어떤 경우일까?

아마 많은 사람들이 가족이나 가장 친한 친구와 동업하는 걸 꼽을 것이다.

그 의견에 전적으로 동의하지는 않는다. 물론 함께 사업을 시작했다가 잘되지 않는 것보다 더 사랑하는 사람이나 친구를 잃기 좋은 경우도 없다. 그러나 〈빌리언 달러 바이어〉를 진행해오면서 나는 친구나 가족들과 함께 운영되는 사업이 성공가도를 달리는 걸 많이 봐왔다. 사업 파트너가 친구인지 형제인지 여부는 중요하지 않다.

사업 파트너들 간에 훨씬 더 중시되어야 하는 건 서로의 관계가 아니라 각자의 장점과, 그 장점들 간의 조화다. 사업에 성공하려면 서로 보완되는 장점을 가진 사람들과 힘을 합치는 게 그 무엇보다 중요하기 때문이다.

친구와 사업을 하지 말아야 하는 진짜 이유

나는 다음과 같은 경우를 너무도 자주 본다. 당신과 친한 친구 두 명이 여러 해 동안 한 식당 주방에서 일을 해왔다. 당신과 친구들은 주방 일이라면 손바닥 들여다보듯 훤하다. 그래서 어느 날 셋이 모여 동업 형태로 직접 사업을 시작하기로 마음먹는다.

세 명 모두 주방 일이 돌아가는 방식을 훤히 안다는 건 좋은 일이다. 그러나 사실 그보다는 한 사람은 주방 일을 잘하고, 또 한 사람은 재정 문제에 밝고, 나머지 한 사람은 영업에 재능이 있다면 훨씬 더 좋을 것이다.

당신과 똑같은 걸 잘하는 사람과는 절대 함께 사업하지 마라.

이 말은, 조금만 생각해보면 곧 납득이 갈 만한 일이다. 같은 장점들을 가진 사람들보다 서로 보완되는 장점들을 가진 사람들과

함께 사업을 한다면 사업을 하면서 최대한 많은 분야를 잘 처리할수 있게 된다. 예를 들어 주방 일과 관련된 문제가 생긴다면 주방일에 훤한 사람이 그 문제를 처리하면 된다. 매일 신선한 식재료를구입하는 데 너무 많은 비용이 든다면 숫자에 밝은 사람이 문제를파악하고 해결할 수 있을 것이다. 영업의 경우도 마찬가지다. 예약이나 일정에 혼란이 생겨 문제가 될 경우 영업을 잘하는 친구가 나서서 해결할 수 있다.

그런데 아쉽게도 많은 기업가들이 이런 식으로 사업을 시작하지않는다. 그들은 누가 무엇을 잘하는가에 대한 생각도 거의 없이 친구들과 함께 사업을 시작하는 경우가 너무 많다. 알고 있는 것은 그저 서로가 서로를 좋아하며 같은 꿈을 공유하고 있고 자신들 모두가 만족할 만한 사업을 하기 위해 애쓸 거라는 정도뿐.

물론 그렇게 한다고 해서 누가 문제 삼지는 않을 것이다. 다만각자의 장점이라는 관점에서 보자면, 이는 사실 아예 처음부터 사업을 망치려고 작정한 거나 다름없다. 예를 들어 둘 다 숫자에만 밝은 사람이라면, 배달 문제가 생길 경우 대체 누가 앞장서서 그 문제를 처리해야 할까? 고객 피드백을 평가하고 클레임을 해결하는 일은 누가 책임져야 할까?

만일 사업에 동참한 사람들이 전부 똑같거나 유사한 능력을 갖고 있다면 정말 아주 골치 아픈 일들이 생겨날 수 있다. 반면 함께 사업을 이끌어가는 사람들이 서로 다른 능력과 장점들을 갖고 있다면, 어떤 문제가 생기든 능력이 되는 사람이 나서서 얼마든지 처리할 수 있다.

이는 단순한 책임 분담의 문제가 아니다. 8장에서 얘기했던 문제, 즉 장점들을 최대한 잘 활용하는 문제와 연결되는 것이다. 서로 다른 장점과 능력을 가진 사람들이 함께 사업을 한다면, 능력에 부치는 문제나 도전들을 헤쳐 나가느라 우왕좌왕하지 않고 각자 자기 장점들을 최대한 발휘하며 사업을 이끌 수 있을 것이다.

"절대 친구들과 함께 사업을 하지 마라." 이 말이 늘 맞는 말은 아니다. 사실 절대 그렇지 않다. 내가 강조하고자 하는 것은 사업을 하려면, 당신의 동업자로 다양한 사람들을 구한 후 그들을 친구로 만들어야 한다는 것이다. 당신이 정말 필요로 할 때 당신 곁에 있어줄 사람은 친구뿐이니 말이다.

지피지기면 함께 일할 사람이 보인다

모든 사람이 각자 자신의 장점을 발휘해 사업에 도움을 준다는 사실을 인정하고 서로 고맙게 여기는 것도 중요하다. 한 사람의 능력이 다른 누군가의 능력보다 더 '중요하다'고 생각하면 큰 잘못이다. 앞에서도 말했듯, 나는 자동차 엔진을 뜯었다가 다시 조립하는 사람을 존경한다. 또 자동차 엔진오일을 빨리 효율적으로 교체할 수 있는 사람 역시 존경한다. 내가 그런 능력들은 기업 관련 수치들을 분석하는 내 능력보다 못한 능력이라고 업신여겨야 할까? 절대 아니다. 만일 그렇게 한다면, 사업에 도움을 주고 있는 모든 능력의 가치를 묵살하는 것을 넘어서 그가 능력을 제대로 발휘할 수 없도록 만들어버리게 된다.

사업을 위해 모인 사람들의 능력이 다양하지 않을 경우 이내 그 결과가 드러난다. 예를 들어 아무리 좋은 제품을 생산할 수 있고 이를 팔 좋은 시장을 갖고 있더라도, 생산과 배달 문제 때문에 사업이 결딴난다. 함께하는 사람들 중 그 누구도 그 분야에 필요한 능력을 갖고 있지 못하다는 걸 보여주는 명확한 증거인 것이다.

때로는 사람들의 다양성이 부족하다는 징조들이 그리 명확치 않다. 예를 들어 수치에 밝은 사람이 없어도 한동안 잘 굴러갈 수 있다는 뜻이다. 하지만 곧 모든 비용이 서서히 늘어나고 현금 흐름에 문제가 생기게 된다.

그나마 다행인 것은, 비슷한 능력과 장점을 가진 사람들과 함께 사업한다는 생각을 중간에 바꿀 수 있다는 사실이다. 그러니 당신 팀이 어떤 특정 분야에는 능하지만 다른 어떤 특정 분야에 능하지 않다면, 주저하지 말고 그 부족한 구멍을 메워줄 사람을 새로 끌어들이도록 하라.

그렇게 하면 사업에 부족한 기술이나 능력 문제를 해결할 수 있을 뿐 아니라, 다른 모든 사람들이 각자 자신의 장점을 알고 그걸 최대한 잘 활용함으로써 사업에 가장 도움 되는 일들을 할 수 있게 된다.

나는 여러 해 전 뉴욕과 로스앤젤레스에서 식당을 운영하는 사람들과 손잡고 일하면서 실제 그런 일을 경험했다. 내 파트너인 유진 렘과 마크 번다움이 그 분야에서 그 누구보다 더 잘하는 일은 그 시대의 트렌드를 잘 따라가는 것이리라. 그들은 요식업계에서 어떤 식당보다도 멋진 환경과 분위기와 에너지를 만들어냈다. 게다가 음식도 맛있고 서비스도 좋고 위치도 좋았다.

다만 그들에겐 그 모든 걸 최대한 잘 활용할 비즈니스 전문 지식이 없었다. 그리고 성장하는 데 필요한 시스템, 성장을 뒷받침할 자본도 부족했다. 그러나 그들은 무슨 일이든 할 마음의 준비가 돼 있었으며, 발전과 성장 경험이 있고 사업을 올바른 방향으로 끌고 가는 데 필요한 자금력을 갖춘 사람이 필요하다는 걸 인정했다.

나는 그들과 50대 50으로 제휴를 맺었다. 내가 50퍼센트의 지분을 소유하고 그 나머지를 두 사람이 나누는 조건이었다. 왜? 그들은 자신들의 당면 과제를 해결하기 위해 자금을 가진 누군가가 필요하다는 사실을 인정하지 못할 만큼 자존심만 앞세우는 사람들이 아니었던 것이다.

또한 그들은 자신들이 잘하는 게 무엇이고 못하는 게 무엇인지를 잘 알았고, 잃어버린 퍼즐을 찾아 맞춰줄 누군가를 찾는 일에 잠시의 망설임도 없었다.

결국 그들은 자신들이 갖지 못한 능력과 통찰력을 가진 누군가와 손잡을 필요가 있다는 걸 잘 알았고, 내게 자신들이 얼마나 지혜로운 사람들인지를 잘 보여주었다.

릴만의 목표

- 당신이 보지 못하는 5퍼센트를 보고, 당신의 능력을 보완하는 능력을 가진 사람들과 손을 잡아라.
- 당신의 사업에 어떤 부족한 부분이 있다는 걸 알게 될 경우, 그 허점을 메워줄 누군가를 끌어들여라.
- 사업상 만난 친구들을 개인적인 친구로 만들어라.

기회를
잡는 비법

See the opportunity,
Seize the opportunity

성공을 거둔 모든 기업가는 다소 기회주의자 같은 면이 있다. 물론 여기서 말하는 기회주의자는 긍정적인 의미의 기회주의자다.

　성공한 기업가는 사업을 하면서 늘 기회를 엿본다. 동시에 다른 사람들과는 다른 그 무언가에 몰두한다. 때로는 기존 제품을 더 좋게 만드는 일에 전력투구한다. 때로는 기존 제품을 가지고 전혀 새로운 활용 방법을 찾으려 노력한다. 세세한 점에서는 다를지 모르나, 어쨌든 모든 기업가들은 사업을 하면서 눈에 띄는 기회들을 최대한 잘 활용하려 애쓴다.

　어떤 기업가들은 약삭빠름이 보통 수준을 넘어선다. 다른 거의 모든 사람들 눈에는 별다른 기회가 있을 것 같아 보이지도 않는 상황에서 기회를 잡는 것이다. 앞으로 좀 더 자세히 이야기하겠지만, 나는 상당히 운이 좋고 기회주의자다운 기업가들 중 한 사람으로, 아주 무질서하고 혼란스러운 상황을 최대한 잘 활용했다.

또 다른 스타일의 기업가들도 있다. 아무리 좋은 아이디어와 사업 콘셉트도 하루아침에 성공을 가져다주진 않는다는 걸 아는 기업가들 말이다. 그들은 어떤 사업들은 성장하고 번성하는 데 시간이 필요하다는 걸 알며, 그래서 스스로 자신감과 확신을 갖고 자신의 비전을 고수하며 기회를 기다려야 할 필요가 있다는 것도 안다.

이런 기업가들을 나는 '묵직한$^{not\,yet}$' 기업가들이라 부른다. 그러니까 그들에게 성공은 즉각 이룰 수도 있는 현실적인 일이지만, 단지 아직 때가 오지 않았다고 보는 것이다. 이들은 우리에게 사업을 하며 기회를 잡으려면 꾸준함이 필요하다는 교훈을 준다. 그러니까 인내심과 헌신적인 노력이 필요하며, 특히 성공을 하려면 어느 정도의 시간이 필요하다는 사실도 받아들여야 하는 것이다.

이 두 가지의 스타일을 종합하면 다음의 귀중한 교훈을 얻는다. 두 눈을 부릅뜨고 늘 기회를 찾아야 하지만, 기회를 잡으려면 오랜 기간 꾸준히 노력하며 참고 기다려야 한다는 것. 이제부터 어떻게 기회를 잡는지 그 비법을 알려줄 것이다.

Chapter

10

하늘이 무너졌을 때 기회가 온다

기회주의자가 된다는 것, 그러니까 아무 기회도 없는 것 같은 상황에서도 그 기회를 최대한 잘 살리는 사람이 된다는 것에 대한 이야기를 하기 위해 나는 독자들과 함께 1980년대의 미국 텍사스주 휴스턴으로 되돌아가려 한다. 그 당시만 해도 나는 내가 그 모든 경험을 통해 아주 많은 걸 배우게 되리라는 걸, 그러니까 그간 배운 그 어떤 교훈보다 유익한 교훈을 얻게 되리라는 걸 깨닫지 못했다.

그때 나는 20대 후반이었고 사업에서 성공을 약간 맛보고 있었는데, 그 당시 휴스턴에는 은행이 수백 개나 있었다. 그러다보니 여러 면에서 대출이 필요한 기업들이 오히려 은행들을 상대로 큰소리칠 수 있는 상황이었다. 워낙 많은 금융 기관들이 성과를 내려고 서로 치열한 경쟁을 벌이고 있었기 때문에 기업가들의 입장에서는 기업을 새로 시작하거나 규모를 키우기 위해 은행 대출을 받거나 자금 조달을 할 다른 방법들을 찾기 아주 쉬웠다. 은행과 대출업체들은 영업을 할 만한 모든 기업들을 상대로 그야말로 피 튀기는 경쟁을 벌이고 있었다.

그보다 조금 더 전인 1970년대로 돌아가 보면, 텍사스주에는 미국의 그 어떤 주보다 은행이 많았다. 텍사스주의 석유 산업이 거대 산업으로 떠오른 데다, 주 의회는 텍사스주 이외의 주에 적을 두고 있는 대출 기관들이 텍사스주 안에서 영업 활동을 하지 못하게 막아 외부 경쟁을 제한했다. 그로 인해 내부 경쟁은 치열하지만 폐쇄적인 시장이 형성됐다.

갑작스레 들이닥친 불황

그러나 1980년대에 금수 조치들이 해제되면서 석유 가격이 급락했다. 그러자 위기를 맞은 은행들은 석유업계에서 눈을 돌려 상업용 부동산 시장에 올인했다. 그러나 부동산 시장에서 각종 우대 조치들이 사라지면서, 은행들의 전체 포트폴리오 가운데 상업용 부동산 시장 부문이 붕괴되기 시작했다.

그 이후에 일어난 여진은 엄청났다. 1980년부터 1989년 사이에 텍사스주에서만 무려 425군데의 은행이 파산했다. 파산 은행 명단에는 10대 은행들 가운데 9개 은행이 포함됐다. 1988년 한 해에만 175개의 은행이 파산했는데, 그 피해 규모가 473억 달러로 텍사스 주 내 전체 금융 자산의 25퍼센트에 가까웠다.

금융업계 전반에 걸쳐 붕괴되기 시작했다. 물론 저축 및 대출 분야도 예외가 아니었다. 매주 화요일이면 연방예금보험공사^{FDIC *}가 개입해야 했고 시내에서는 계속 3~4개의 은행들이 문을 닫았다. 그런 일이 거의 일상이 되었다.

이런 상황은 2년간 계속됐다.

정말 참담한 상황이었으며, 그 결과 금융업계에 지각변동이 일어났다. 계속 통폐합이 이루어지면서 은행 수가 급격히 줄어든 것. 자산 가치가 수조 달러에 달하는 오늘날의 대형 은행들이 생겨나게 된 이유이다. 현재 이 은행들은 그 규모가 너무 커 파산하려야 파산할 수가 없는 은행들이 되어 있다. 정부가 개입해 다른 은행들을 인수할 수 있게 도와주기 때문이었다. 이러한 오늘날의 대형 은행들은 기본적으로 과거에 존재했던 은행들의 통폐합 버전이다.

어쨌든 이 같은 상황 속에 금융 시장이 붕괴되면서 9년 사이에 휴스턴의 은행들은 5~6개만 남겨두고 다 파산했다. 그리고 앞서

말한 것처럼 저축 및 대출 분야 역시 다 무너졌다. 대출을 받는 건 거의 불가능한 일이 되었다. 소상공인들에겐 재앙과도 같았다. 그런 상황에서 나는 대출을 받기 위해 정말이지 계속 악전고투를 벌였다.

당시 나는 8~9개 은행에서 간신히 총 200만 달러의 대출을 받았는데, 정말 쉽지 않았다. 다른 많은 사람들과 마찬가지로 나 역시 기회가 있을 때마다 어떻게든 대출을 받으려 애썼다. 어떤 은행들에서는 이자만 먼저 상환하는 대출을 받았고, 또 어떤 은행들에서는 원금과 이자를 같이 상환하는 대출을 받았다. 그야말로 끝없는 저글링을 하는 것 같았다. 나는 어떻게든 살아남으려 애썼는데, 어떤 날들은 특히 전망이 안 좋아 보였다.

한 번은 은행 대출 담당자를 만나러 올라가는 엘리베이터 안에서 내 변호사와 손목시계를 바꿔 차기까지 했다. 대출 신청을 하러 간 사람이 값비싼 골드 롤렉스 시계를 차고 있는 것보다는 값싼 세이코 시계를 차고 있는 게 더 좋겠다고 생각했던 것이다.

5년의 유예 기간

그런데 그 와중에, 아이러니하게도 상황은 잘 풀렸다. 간단히 말해, 내가 거래한 은행들이 죄다 파산해버렸다. 그 결과 나는 부채 상환을 하지 않아도 됐다. 상환을 하고 싶어도 상환할 데가 없었던 것이다.

나중에 알게 된 사실이지만, 은행과 정부의 관료 시스템과 메커니즘이 내게 유리한 쪽으로 돌아갔다. 그 모든 은행을 폐쇄하고 모든 자금을 재분배하는 데 필요한 시간과 에너지를 쏟느라, 내게 무려 5년이란 시간이 주어진 것이었다. 그들에겐 나 같은 사람한테 해준 자잘한 대출보다 더 중요하게 신경 써야 할 큰 문제들이 많았기 때문이다.

어쨌든 내게 주어진 5년이란 유예 기간은 너무 소중했다. 대출 상환을 하지 않아도 됐고, 내게는 활용 가능한 현금이 훨씬 더 많아졌다. 그 덕에 5년간 나는 갤버스턴, 코퍼스 크리스티, 샌안토니오, 카마, 댈러스에 식당들을 추가로 낼 수 있었다.

다른 모든 것들이 최악의 상황으로 치닫고 있는 것처럼 보이던 때에 나는 오히려 꽤 괜찮은 성공을 거둔 것이다. 물론 나는 현금 거래를 하는 사업들을 하고 있어 계속 성장할 수 있었지만, 제품 및 서비스 대금을 일정 기간 기다렸다 받는 외상 매출 방식의 사업을 하는 사람들은 그야말로 살아남기 위해 안간힘을 써야 했다. 그런 면에서 나는 운이 좋았다.

아무튼 5년의 유예 기간 덕에 사업을 발전시킬 기회를 잡았지만, 그렇다고 해서 모든 일이 술술 풀린 건 아니었다. 은행이 없어져시 대출금은 갚지 않아도 됐지만, 거꾸로 대출 없이 사업 확장에 필요한 자금을 마련하는 일이 믿기 힘들 만큼 어려웠던 것이다. 이미 언급했듯이 기본적으로 찾아갈 수 있는 은행 자체가 거의 없었고, 몇 개 없는 은행에서의 대출은 오래 전에 이미 어려워졌다. 나는 신용카드와 현금, 장비 리스는 물론 그밖에 가능한 모든 수단을 동원했다. 사업 자금으로 어떤 돈을 찾아내든, 이 모든 걸 혼자 힘으로 해결해야 했다. 필요한 자금을 찾아내는 일은 짜릿하면서도 두려웠다. 기회를 찾아 최대한 활용한 일 자체는 짜릿했지만, 실제로 그 기회를 활용하는 일은 전혀 새로운 분야라 두려웠던 것이다.

물론 유예 기간은 영원히 계속되진 않았다. 마침내 연방예금보험공사에서 내게 연락을 해왔다. 그러나 그건 아주 괜찮은 협상이었다. 1991년 그들은 내가 빚진 모든 이자를 탕감해주겠다고 했다. 나는 그들에게 200만 달러짜리 수표를 끊어주었고, 그걸로 끝이었다. 5년간 이자 없이 돈을 쓴 것이다.

물론 추가 대출 없이 일을 하는 건 힘들었지만, 상황 자체는 내 입장에서는 아주 대단한 기회이자 행운이었다. 정부는 내 기업보다 훨씬 규모가 더 큰 기업들에 신경 쓰느라 정신없었고, (내게는 운 좋게도) 내 대출 문제를 해결하는 데 많은 시간을 쏟을 수 없었다. 맨 앞줄에서 비바람을 맞지 않아도 됐던 것이다.

이 이야기는 기회를 잘 잡고 그걸 최대한 활용해야 한다는 걸 보여주는 좋은 사례다. 금융 시장이 붕괴돼 금융 기관들은 예전처럼 돌아갈 수 없는 게 확실해 보였다. 너도 나도 다 패닉 상태에 빠질 만했고, 결국 모든 걸 포기할 수밖에 없어 보였다. 포기해야 할 만한 이유, 즉 경제가 폭락하는 중이라는 증거는 도처에 있었다. 아파트들은 짓다가 만 상태로 건설이 중단됐다. 사무실 건물들은 빈 채로 방치됐다. 주택 건설 프로젝트는 어땠는가? 도로만 깔리고 주택들은 건설조차 되지 못했다. 암울하면서도 무서운 상황이었다. 특히 나처럼 사업 확장을 하고 싶어 하는 사람이라면 더더욱 무서웠을 것이었다. 게다가 도움을 청할 만한 은행조차 거의 없었다.

그러나 나는 포기하지 않았다. 내가 배우게 된, 그리고 결코 잊지 못하는 다음의 교훈 때문이었다.

들어라! [Listen]

상황이 안 좋을 때 상황은 다시 좋아지게 마련이다. 상황이 좋을 때는 또 상황이 다시 나빠질 수 있다. 좋은 상황과 안 좋은 상황은 조만간 앞에 나타날 것이므로, 늘 그 두 가지 상황에 다 대비해야 한다. 그러나 우리는 종종 이 사실을 잊는다.

절대 포기하지 말고 현금을 축적하라

사실 당시에 모든 상황은 '언젠가 좋아질 것이다'라는 믿음을 지키는 게 절대적으로 힘든 극한 상황이었다. 수백 개의 은행들이 문을 닫고 모든 종류의 기업들이 파산하는 상황에서, 계속 상황을 보며 모든 게 나아지길 기다린다는 건 결코 쉬운 일이 아니었다. 그런데 운 좋게도 나는 그렇게 할 수가 있었다. 어떻게 그게 가능했을까? 고객들이 즉석에서 돈을 지불함으로써(음식을 주문하고 바로 돈을 내는 식으로) 현금 거래가 이루어지는 사업을 한 것이 큰 도움이 되었다.

실제로 나는 경제가 요동칠 때마다 오히려 사업을 키웠는데, 그건 다른 회사들과 달리 나에게는 언제든 동원 가능한 현금이 있었기 때문이다. 만일 당신 역시 현금 거래가 빠르게 이루어지는 사업을 하고 있다면 나처럼 할 수 있다. 그러나 만일 현금 거래가 이루어지는 사업을 하고 있지 않다면 마지막 대금 청구서를 보내고 30일, 60일 또는 90일이 지나고 나서야 상황이 안 좋다는 걸 깨달을 수도 있다.

그러니 평소 경기가 괜찮을 때 훨씬 더 많은 노력을 기울여 현금을 축적하거나 대출의 규모를 늘려, 상황이 안 좋을 때 쓸 수 있는 현금을 충분히 확보하라. 그러면 다른 경쟁업체들이 힘든 상황을 맞아 사업을 살리는 데 필요한 현금이 없어 발을 동동 구를 때, 당신은 확보된 현금을 동원해 그 사업에 뛰어들거나 아니면 아예 그 경쟁업체를 인수해버릴 수도 있다. 앞서 말했듯, 상황이 안 좋을 때

약한 기업을 인수해 사업을 키우도록 하라. 그러려면 현금이 필요하다. 그러니 어떤 종류의 사업을 하든, 상황이 좋을 때 필히 최대한 많은 현금을 축적해놓는 게 좋다.

은행과 관련된 경험은 내게 기회와 관련된 또 다른 소중한 교훈을 주었는데, 그 교훈은 4장에서 평소 충분한 운전자본을 확보해두라는 이야기를 하면서 이미 언급한 바 있다. 즉 돈은 필요 없을 때 미리 빌려놓으라는 것이다. 정작 돈이 필요할 때는 빌릴 수 없을 수도 있기 때문이다. 미리 돈을 빌려두면 나중에 그 보상을 멋지게 받게 된다는 교훈이다.

몇 년 전에 은행들은 서로 앞을 다퉈 내게 돈을 갖다 쓰라고 했다. 그리고 당시 돈이 필요하지도 않았는데 나는 돈을 빌리기로 했고, 그 바람에 이자 비용이 크게 올라갔다. 그런데 어느 날 갑자기 레이크찰스에 건설 중이던 대규모 카지노를 매입할 기회가 왔다. 그리고 현금이 충분했기 때문에 나는 다른 누구보다 먼저 그걸 매입하기 위한 행동에 나설 수 있었다.

세상을 꿰뚫는 안목을 키워라

돌이켜보건대 당시 금융 붕괴는 성공과 몸부림이라는 늘 반복되는 자연스러운 경제 패턴의 연장에 지나지 않았다. 금융 붕괴가 일어나기 전에, 텍사스주 전역에서는 사람들이 경제 호황기를 맘껏 즐겼다. 건설업이 붐을 맞았고, 값비싼 컨트리클럽 회원권 가격이 급등했다. 거리에는 고급 승용차들이 넘쳐났고, 자가용 제트기들이 마음만 먹으면 이용할 수 있게 항시 대기 중이었다.

그 당시에 사람들은 좋은 때는 영원히 계속되지 않는다는 사실을 잊어버렸던 걸까?

나는 많은 사람들이 그랬다고 생각한다. 사실 상황이 좋든 좋지 않든, 사람들은 대개 지금 상황이 영원히 계속될 것처럼 생각하는 경향이 있다. 그게 사실이 아니라는 정도는 다 알 만한데도 어쨌든 실제로 많은 사람들이 그렇게 생각한다. 나는 그런 정신상태의 희생양이 되지 않기로 마음먹었다. 내가 얻은 교훈을 당신의 사업에도 그대로 적용해보라.

또한 당신의 기업이 규모가 크든 작든 기회는 늘 오게 마련이다. 사업 규모가 작다고 해서 기회가 오지 않는 건 아니다. 당신은 여전히 사업을 키워나가는 데 도움이 될 아주 좋은 기회를 맞을 수 있다. 내 경우에도 사업 규모가 상대적으로 작았기 때문에 기회가 생겼다. 금융위기 당시 은행 감독 기관은 연못 속에 있는 보다 큰 물고기들에 정신이 팔려 있었고 나는 몇 년간 무시해도 좋을 만큼 작은 물고기였기 때문에 그들의 눈을 피했다. 공교롭게도 작은 사업 규모가 오히려 이점으로 작용한 것이다. 그리고 작은 기업은 다른 많은 큰 기업들보다 대처 속도가 더 빠르기 때문에, 기회를 잡고 빨리 활용하는 데 보다 유리하다.

> **들어라!** [Listen]
>
> **가장 큰 기회는 늘 안 좋은 때 온다.**

결국 이 모든 이야기는 현재 상황이 어떻든, 모든 기업가가 기회를 잡을 수 있다는 이야기다. 그래서 기업가는 보다 큰 그림을 보기 위해 언제나 노력해야 한다. 관점이랄까, 안목이 가장 중요한 것이다. 좋은 때와 안 좋은 때는 밀물과 썰물처럼 계속 반복된다는 걸 잊지 마라. 사업 파트너들과 직원들, 자문들, 고객들 그리고 그 외에 다른 사람들과 얘기를 나눠 안목을 키우도록 하라. 내가 상황을 보다 완벽하게 이해할 수 있게 그들이 도움을 줄 수 있는가? 그들이 긍정적인 징후나 기회의 조짐 같은 걸 볼 줄 아는가? 상황이 아무리 안 좋거나 혼란스러워 보여도 거의 모든 상황 속에 기회가 있다. 심호흡을 하고 다른 사람들이 보지 못하는 걸 보려고 노력하는 사람들의 눈에는, 그 기회가 보인다.

- 현재 상황이 어떻든 기회는 늘 찾아오는 법이다.
- 상황이 좋을 때도 다시 상황이 안 좋아지리라는 걸 잊지 마라.
- 필요하지 않을 때 미리 돈을 빌리고 모든 게 잘 돌아갈 때 현금을 비축해두라. 상황이 안 좋을 때 활용할 수 있다.
- 기회를 잡는 데는 인내심이 필요하다. 기다리다 보면 늘 또 다른 기회가 오기 마련이다.

홈런보다 1루타

"매출을 1,000만 달러나 올리는 기업을 가지면 정말 좋을 텐데."

그렇다, 이 말은 내가 한 말이다.

나는 23살인가 24살 때 내가 과연 매출을 1,000만 달러나 올리는 기업을 소유할 수 있을까 생각하며 큰 소리로 저렇게 자문했던 걸 생생히 기억한다.

얼마 후에 내 기업의 매출이 2,000만 달러로 늘었던 것도 기억한다. 그리고 나서 4,000만 달러. 그 다음에 다시 1억 달러. 내 사업의 전체적인 그림이 그려질 것이다.

거의 모든 기업인들이 그러듯 나 역시 그랬다. 나는 성공을 꿈꿨고, 그 꿈을 키웠다. 만일 이런 종류의 꿈이 없다면 당신은 아마 그리 뛰어난 기업가는 되지 못할 것이다. 대체로 기업가들은 꿈을 꾸는 사람들이다. 그렇지 않다면 아마 다른 모든 사람들과 마찬가지로 어떤 기업의 직원으로 살게 될 가능성이 더 높을 것이다.

다만 기업가로서 기회를 잡게 해주는 꿈은 주의 깊게 관리해야 한다. 즉, 늘 더 크고 더 나은 무언가를 찾고 얻기 위해 노력하는 동시에 그 꿈을 실현하는 과정에서 비교적 작은 단계들을 거쳐 가는 경우가 많다는 것도 아는 것이다. 그렇게 하기 위해서는 균형감각을 잘 유지해야 한다.

한 방에 대성공을 할 수 있다는 생각으로 통제되지 않는 꿈을 가지면, 더없이 재능 있고 노련한 사람들마저 그 꿈에 발목을 잡히거나 실수를 하기도 한다.

> **들어라!** [Listen]
>
> 아주 공격적이고 적극적인 기업가들의 입장에선 결코 쉽지 않은 일이 겠지만, 참고 기다리는 법을 배워라.

꿈을 이루기 위해 노력하는 게 나쁘다는 얘기가 아니다. 성공하려고 노력 중인 모든 사람에게 꿈은 꼭 필요하다. 그러나 가장 중요한 것은 조급함을 버리고 균형감각을 잘 유지하며 다가오는 기회를 차근차근 잡아야 한다는 뜻이다.

이제부터 나의 이야기를 들려주겠다. 기업가의 균형감각이 얼마나 중요한지를 보여주는 한 예가 될 것이다.

자잘한 꿈이 모여 큰 목표를 이루다

현재 내 사업 범위는 프로 스포츠 분야에서부터 식당, 도박, 엔터테인먼트 분야에 이르기까지 아주 폭넓은 편이다. 그러나 현재와 같이 되기까지 30년이 걸렸다. 그리고 나 역시 큰 꿈을 꾸는 것에 관한 한 다른 기업가들과 마찬가지로 죄책감 같은 걸 느꼈었다. 그러나 동시에 꿈을 쌓아가는 일은 체계적으로 행해져야 한다는 것도 알고 있었다. 두 눈을 부릅뜨고 늘 기회를 찾아야 하지만, 기회를 잡으려면 오랜 기간 꾸준한 노력을 하며 참고 기다려야 한다는 것도 알았다는 뜻이다.

나는 언제든 기회를 발견하는 즉시 최대한 이를 활용할 수 있도록 금전적·정신적 준비를 하기 위해 애썼다. 그러나 절대 어떤 한 가지 성공을 '큰 꿈'이 실현된 걸로 여기지 않았다. 각 성공에 도취되지 않고, 그저 큰 꿈을 향해 가는 한 단계일 뿐이라고 생각했다. 이전 단계들보다는 좀 더 중요한 단계인지는 모르겠으나, 어쨌든 결국 한 단계인 것이다.

내가 활용한 기회들 가운데 특히 중요한 기회 중 하나가 바로 주식 상장이었다. 90년대 초에는 식당 체인들 사이에서 주식 상장이 새로운 유행이었고, 모든 식당 체인이 기업 공개*를 하는 듯했다. 아웃백 스테이크하우스, 치즈케이크 팩토리 같은 많은 식당 체인들이 주식 상장을 했다. 이 흐름은 내게 꽤 좋은 자금 조달 기회로 보였고, 결국 유행을 따랐다. 나는 1993년 8월 14일에 내 회사를 주식 시장에 상장했다.

1993년 8월 15일, 그러니까 기업 공개를 한 바로 그 다음 날 아침에 깨어보니 랜드리스 주식 가치가 1억 달러를 넘어서 있었다. 1993년부터 2002년 사이에 랜드리스의 주가는 4억 달러를 넘어서면서 내 사업 전체의 폭발적인 발전을 견인했다. 이는 투자자들에게 한 약속들을 충실히 이행하고 또 그들에게 엄청난 성공을 경험하게 해주지 않았다면 이루기 힘든 일이었다.

자본 가치가 다 오르는 가운데, 랜드리스는 1993년 기준으로 약 3,000만 달러였던 매출이 2004년에 10억 달러를 넘어설 정도로 비약적인 발전을 했다.

그러나 나는 그에 만족하지 않았다. 내 마음 속에는 랜드리스 제국을 더 확장하고 싶다는 강한 열망이 있었다. 혹시 식당이 임대료

---

* 비상장기업이 유가증권시장에 상장하기 위해 그 주식을 법적인 절차와 방법에 따라 불특정 다수의 투자자들에게 팔고 재무내용을 공시하는 것.

를 내기 위해 10달러 95센트짜리 새우 요리를 얼마나 많이 팔아야 하는지 아는가? 내가 관리팀에 말하듯, 식당 사업은 큰 성공을 거두기 정말 어려운 사업들 중 하나다. 뒷문으로 여러 가지 식재료들을 들여와 고객들에게 팔 수 있는 음식을 만들어내야 한다. 그것도 늘 높은 품질을 유지하면서 꾸준하게 말이다.

하지만 직원 수도 훨씬 적은 소매업체들의 경우는 어떤가? 도매업체에서 제품을 사들여 아무 변화도 주지 않고 그대로 되판다. 카지노의 경우는 또 어떤가? 카지노에는 슬롯머신들이 있다. 따로 판매하는 제품은 없다. 게다가 슬롯머신은 은행과 비슷하지만, 예금과 달리 고객들이 낸 돈을 전부 돌려주지 않아도 된다. 카지노의 영원한 승자는 카지노다.

나는 여러 해 동안 가족들과 함께 라스베이거스를 찾았고, 카지노 업계에 뛰어들지 않는다면 랜드리스는 엄청나게 좋은 기회를 놓치는 거라는 걸 깨달았다. 그래서 2004년 랜드리스는 막대한 은행 대출과 채권 자금 조달을 통해 무려 8억 달러가 넘는 자금을 확보했고 이는 그 당시 월가 역사상 식당 체인 기업이 이룩한 최대 규모의 자금 조달이었다. 이처럼 수중에 충분한 현금을 쥔 덕에 결국 라스베이거스에 있는 골든 너겟을 매입할 기회를 잡을 수 있었다.

당시 골든 너겟 카지노 소유권자는 운전자본이 부족했기 때문에, 내가 수중에 3억 4,000만 달러를 쥐고 나타나자 바로 골든 너겟을 내게 팔기로 결정했다. 내가 랜드리스를 통해 카지노 부지에 또 다시 1억 8,000만 달러를 투자하면서 골든 너겟 카지노는 활력을 되찾았다. 그리고 이후 10년간 4개의 골든 너겟 카지노&호텔을 건설하면서 골든 너겟은 카지노 업계에서 가장 알아주는 이름들 중 하나가 되었다.

그러나 계속 강조하는 바이지만, 상황이 좋을 때는 상황이 나빠질 수도 있다는 사실을 결코 잊지 마라. 금융위기가 미국을 강타한 2008년과 2009년 당시 식당 및 카지노, 주식 시장 역시 그랬다. 주가배수(기업의 실제 수익과 주가를 비교하는 가치평가법)가 위축되면서, 소비재 주식 주가가 전체적으로 폭락한 것이다.

어떤 사람들에게는 안 좋은 소식이 내게는 기회였다. 다시 강조하지만, 상황이 안 좋아질 경우 언젠가 상황은 다시 좋아지며 위기를 기회로 만들 수 있다는 사실을 잊곤 한다. 랜드리스의 주가가 말도 안 되는 수준까지 떨어졌을 때, 나는 기회를 잡아 주식 매수에 나섰다. 불황에 대비해 확보해둔 현금과 사업상 알게 된 지인들이 우군으로 나를 받쳐준 덕분이었다.

서브프라임 모기지 사태가 터진 후 나는 월가의 공포와 혼란 속에서 내 회사의 주식을 전부 되사들였다. 이 모든 일이 세계 최대의 보험회사인 AIG와 자동차 회사 제너럴 모터스가 파산하고 거대 투자 은행인 리만 브라더스와 베어스턴스가 문을 닫은 혼란기에 일어났다. 조만간 그렇게 될 거라 예상하고 있었지만, 실제 금융 시장이 안정을 되찾고 주식 시장이 정상 수준으로 올라간 2010년에 나는 주식 매입을 끝냈다. 그리고 나는 매년 2억 달러에 달하는 현금 유동성을 갖게 되었고, 매출액이 12억 달러에 달하는 랜드리스 식당 체인의 단독 소유주가 되었고, 또한 처음으로《포브스》선정 미국 400대 부자 리스트에 들어갈 정도로 많은 자기자본을 갖게 되었다.

지금까지 나의 이야기는 거대한 부를 쌓아올린 성공 이야기이기도 하지만, 각 기회를 그때그때 잡아 실현시킨 이야기이기도 하다. 1993년에 시작해 2010년에 끝맺은 장장 16년간의 이야기다. 기회를 잡아 주식 공개를 하고, 다시 기회를 잡아 개인 기업화한 것이다. KO 펀치를 날려 한 방에 성공할 수 있을 거라는 식으로 생각하지 않았다.

나는 내가 진행하는 TV 프로그램 〈빌러언 달러 바이어〉에서 한 기업가에게 이런 말을 했다.

"나는 별을 따려 한 적이 없습니다. 나는 늘 한 번에 한 단계씩 나아갔고, 그래서 시간이 오래 걸렸습니다."

거래를 쫓지 말고 거래를 리드하라

그렇다면 기회는 어떻게 잡을 수 있을까? 내가 〈빌러언 달러 바이어〉 또 다른 기업가에게 한 말로 대답을 대신하겠다.

당신은 지금 마라톤을 하려 한다면서, 뛰는 건 고사하고 길 수
있다는 것조차 증명하지 못하고 있다.

온갖 종류의 기업가들과 함께 일해 오면서, 나는 많은 기업 소유
주들, 특히 젊은 기업 소유주들이 너무 조급해하는 걸 많이 봐왔다.
가장 유망한 기업을 경영하는 기업가들조차 너무 많은 걸 너무 빨
리 손에 넣으려 든다.

이는 겸손의 문제로 연결된다. 당신이 당신 자신과 기업에 대해
겸손한 자세로 임할 경우, 스스로 잘하는 게 무엇이고 그렇지 않은
게 무엇인지 알게 된다. 그리고 그 결과 '단 한 방의 큰 기회'가 올
것 같지 않아 좌절하는 대신, 아무리 사소한 기회라도 오는 대로 잘
활용할 수 있게 된다. 그리고 언제나 적절한 목표들을 세워놓고 있
을 수 있다.

기회를 잘 잡기 위해 내가 사용하는 팁을 알려주겠다. 어떤 거래
를 할 때는 참고 기다릴 수 있어야 한다는 것이다.

많은 기업가들은 사업을 너무 공격적으로 벌이는 실수를 범하곤 한다. 그러니까 상대에게 거래를 성사시키기 위해 무슨 일이든 할 것 같은 인상을 심어주는 것이다. 그것은 큰 역효과를 낳을 수 있다. 거래를 성사시킬 수 있을지는 모르나, 자신이 '원하는' 거래를 성사시키지 못하는 것이다. 이쪽에서 얼마나 간절히 거래를 성사시키고 싶어 하는지를 알고 상대가 그 허점을 파고들기 때문이다.

그래서 내 경우에는 다음과 같이 한다. 나는 거래를 할 때 고려해야 할 모든 것들을 꼼꼼히 고려한 뒤 내가 할 수 있는 최선의 제안을 한다. 그리고 협상 상대에게 그 제안을 받아들이지 않으면 바로 떠날 거라고 말한다. 그래서 상대가 그 제안을 받아들이면 거래가 성사되어 좋은 거고, 그렇지 않으면 정말 그 자리를 뜬다.

여기서 중요한 것은, 내가 말한 대로 그대로 행하는 것이다. 만일 상대한테 우물쭈물하며 지금 결정을 안 한다면 바로 떠날 거라고 말했는가? 그러면 정말 그렇게 해야 한다. 대개의 경우 그렇지만, 당신이 정말 괜찮은 제안을 했다면 상대는 십중팔구 다시 당신을 찾을 것이고 그 결과 거래가 성사될 가능성이 높다.

이 모든 것을 바꿔 말하자면 이렇게 요약할 수 있다.

거래를 리드하라. 거래가 당신을 찾아오게 하라. 그러려면 참고 기다리는 동시에 자신감을 가져야 한다. 그게 손 안에 들어온 기회를 최대한 잘 활용하는 방법이다.

가끔은 거래를 쫓아다니는 게 좋다. 그러나 가끔은 참고 기다리면서 거래가 쫓아오게 만드는 게 더 좋다.

들어라! [Listen]

늘 기회를 쫓되 현실적으로 쫓아야 한다. 기회는 아무 기회가 아니라, 작아도 제대로 된 기회여야 한다. 기다리면 늘 다른 기회가 또 온다는 것을 잊지 말고, 거래를 하다가 그 자리를 뜨는 걸 두려워하지 마라. 결과적으로 거래를 쫓아가지 말고, 거래를 리드하라.

모든 거래가 홈런일 필요는 없다. 비록 1루타라 해도 여럿 모이면 홈런 한 방만큼이나 많은 점수가 나올 수 있다.

틸만의 목표

- 기업가는 반드시 꿈꿔야 하지만, 그 꿈은 현실적이어야 한다.
- 거래를 쫓지 말고 거래를 리드하라.
- 모든 거래가 홈런일 필요는 없다.
- 기회를 잡으려면 참고 기다려야 한다. 늘 저기 저 수평선 위에 또 다른 거래가 나타날 것이다.

배부름을 잊어버려라

몇 번이고 계속 어려움을 극복해내는 위대한 운동선수를 보거
나, 마치 이기는 게 처음인 듯 계속 승리를 거두는 위대한 야구선수
를 보거나, 결코 열정을 잃지 않고 계속 멋진 3점 슛을 날리는 농구
선수를 보면서, 우리는 그 선수들의 프로다움에 경탄하면서 동시
에 대체 무엇이 그 선수들에게 동기를 부여하는 것일까 궁금해하
곤 한다.

그들은 어떻게 계속 그런 에너지를 유지할까? 이미 그렇게 많은
업적을 쌓았으면서 어떻게 계속 챔피언 자리를 노리는 걸까?

그 답은 간단하다. 그들은 계속 배가 고픈 것이다.

이는 모든 사람들이 새겨들어야 할 아주 값진 교훈이다. 당신이 하는 일에 있어 늘 '헝그리 정신'을 유지하라.

이는 이제 막 사업을 시작한 기업가 입장에서는 별로 힘든 일이 아닐 수 있다. 그들은 큰 꿈을 품고 이제 막 시작했기 때문에, 헝그리 정신을 유지하는 일은 걱정할 일이 못되는 것이다.

그러나 막상 사업을 하거나 기존 사업을 다음 단계로 끌어올리는 것은 아주 피곤한 일일 수 있다. 제 아무리 강건한 육체를 가진 사람도 의욕이 앞서 일주일 내내 하루에 14시간씩 일하면 체력이 고갈될 수 있는 것이다. 거기에 감정적 스트레스와 심리적 스트레스까지 추가된다고 생각해보라. (당신이 사업에 모든 걸 걸었을 수도 있고 가족 중 누군가가 당신에게 빌붙어 살고 있을 수도 있다.) 숨을 좀 돌리고 싶기도 할 것이고, 이따금씩 모든 걸 내려놓고 쉬고 싶다는 생각에 빠질 수도 있다.

별 상관없다. 가끔씩은 그럴 수도 있는 거니까. 그러나 진정 사업에서 성공하고 싶고 또 그 성공을 토대로 더 발전하고 싶다면, 지치기보다는 늘 배고파야 한다.

무엇이 가난한가

삶의 성공은 돈이나 지갑의 두께로 측정되지 않지만, 적어도 사업의 성공은 돈을 많이 버는 것과 같은 의미다. 그러니 돈에 대한 관점을 잘 활용하면 기업 경영에 꽤 큰 도움이 된다.

어떻게?

스스로 가난하다고 느끼는 것이다. 늘 자신이 가질 수 없는 것들에 대해 생각해야 한다.

쉽게 말하자면 이런 것이다. 당신이 정말 하고 싶거나 갖고 싶은 걸 생각해보라. 하지만 당신에겐 그걸 하거나 가질 수 있는 돈이 없다. 그러면 자신이 가난하다고 느끼게 된다. 이는 헝그리 정신을 유지할 수 있게 해주는 강력한 수단이기도 하다.

가난하다는 느낌은 사람에 따라 다 다르다. 젊은 기업가라면 집을 살 수 없어 가난하다고 느낄 수 있다. 보다 성공한 기업가라면 자신이 마음에 두고 있는 보트를 살 수 없어 가난하다고 느낄 수 있다. 갖고 있는 꿈이 무엇이든, 스스로 가난하다고 느끼면 아주 배고파질 수 있다.

내 경우 늘 내 고향에 프로 스포츠 구단을 하나 소유하는 게 꿈이었다. 그리고 NBA 휴스턴 로케츠 구단을 사들임으로써 그 꿈을 이룰 수 있었다. 나는 시가 22억 달러짜리 그 구단을 사기 위해 계약 조건을 이행하지 못할 경우 보증금 1억 달러를 환불해주지 않아도 좋다는 조건을 제시했다.

사실 그 몇 해 전에 휴스턴 로케츠를 8,500만 달러에 소유할 수도 있었으나, 당시에는 그 정도의 돈이 없었다. 그때도 나는 아주 부자였지만, 그 바람에 가난하다고 느껴졌다. 가난했기 때문에 기회는 날아가버렸고, 두 번 다시 그런 기회는 오지 않을 거라고 생각했다. 프로 스포츠 구단은 소유권이 그리 자주 바뀌지 않기 때문이다. 그러나 휴스턴 로케츠를 소유할 기회는 다시 찾아왔고, 나는 어떻게 하든 그걸 사들일 방법을 찾아야만 했다. 그리고 실제로 방법을 찾아냈다.

항상 배고프다는 마음자세를 가져야 한다. 내 사업이 5억 달러의 가치가 있다고 평가받은 뒤 만족할 수도 있었지만, 내 목표는 《포브스》지 선정 억만장자 명단에 이름을 올리는 것이었다. 그래서 계속 헝그리 정신을 유지했다. 당신 역시 어떤 분야에서 최고가 되고 싶다면 계속 그렇게 하라.

내게 사업은 프로 스포츠의 세계와 같지만, 스포츠와 달리 성공을 승리와 패배로 딱 잘라 가를 수는 없으며 벌어들인 돈의 규모로만 성공을 측정할 수 있다.

헝그리 정신을 유지하는 또 다른 방법은 당신의 현실 인식과 관계가 있다. 기업가는 모든 게 잘 풀릴 때 마음이 풀어지고 현실에 안주할 가능성이 아주 높다. 다 잘 돌아가고 있는데 무엇 때문에 죽어라 노력하겠는가? 그냥 즐기면 되는 거 아닌가?

10장에서 1980년대 초 휴스턴의 금융계에서 일어난 일들을 이야기했다. 그걸 다시 상기해보라. 그 당시에는 금융가, 사업가, 정치인 등 많은 사람들이 좋은 시절이 계속되리라는 절대적인 확신을 갖고 있었다. 미루어 짐작이 될 것이다. 그러나 그들은 절대적으로 틀렸다.

언제든지 상황이 안 좋아질 가능성을 늘 머릿속에 그리고 있으면 헝그리 정신을 계속 유지하는 게 더 쉽다. 당신 사업이 오늘 계속 잘 풀리고 계속 커나간다고 해서 그런 상황이 변함없이 계속될 거라 생각하진 마라. 상황은 틀림없이 변할 것이다. 다른 건 몰라도 변하리라는 사실 자체에 대해선 절대적인 확신을 가져도 좋다. 그리고 모든 게 잘 돌아갈 때도 계속 배고픈 정신상태를 유지하면, 상황이 안 좋아질 때 훨씬 더 잘 헤쳐 나갈 수 있다.

상황이 힘들어질 때 당신은 오히려 앞으로 더 나아갈 수 있다. 주변 상황이 좋든 나쁘든 계속 배고프다고 생각한다면, 힘든 상황에서 배고픈 마음자세를 유지하거나 평소보다 더 배고파지는 게 훨씬 더 쉽다. 굳이 페이스를 바꿀 필요 없이 그냥 평소처럼 하면 되는 것이다.

열정적인 사람들을 모아라

그러나 헝그리 정신을 유지하는 것이 혼자만의 노력이 되어선 안 된다. 당신만큼 배고프고 완전히 동기부여가 되어 있는 다른 사람들과 함께하는 게 중요하다. 열정을 가진 한 사람은 자산이다. 그러나 정말로 열정적인 사람은 더할나위 없이 소중한 자산이다. 같은 이유로, 열정이 있고 배도 고픈 사람이 열정도 없고 일에 무관심한 사람들과 함께 일한다면 십중팔구 좌절과 쓴맛과 실패만 맛보게 된다.

물론 동기부여가 되어 있는 사람들은 당신에게 없는 능력을 갖고 있어야 한다. 그렇게 하기 위해서 가장 먼저 해야 할 일은 '주제 파악'이다. 자신이 잘하는 것이 무엇이고 그렇지 못한 것이 무엇인지 잘 알아야 한다. 더 중요한 건 장점이다. 당신은 분명히 뭔가에 능할 것이다. 그 능력을 최대한 강화하고, 그 능력에 관한 한 그 누구보다도 뛰어난 사람이 되기 위해 열정적으로 노력하라. 그런 다음 열정적이면서도 당신에게 없는 능력을 갖춘 사람들을 찾아 손을 뻗어라. 만약 그들에게 열정이 있다면, 당신의 열정을 발견할 것이다.

운영과 발전에 필요한 능력을 고루 갖춘 사람들로 가득한 기업이 얼마나 강력할지 상상해보라. 어떤 문제도 잘 해결하고 또 어떤 기회도 잘 활용할 수 있을 것이다.

굳세게 앞으로 나아가라

이 모든 이야기는 한 가지 메시지로 요약될 수 있다.

어떤 상황에서든 황소가 되라.

그러니까 황소처럼 강하고, 자신감 넘치고, 기회가 올 때 잘 잡고, 어떤 일이 일어나든 늘 그에 대비하는 사람이 되라는 말이다. 내 경우 휴스턴 로케츠 구단을 인수할 때 황소가 되었다. 그럼으로써 이미 더 유리한 입장에 서 있던 다른 응찰자가 있었음에도 불구하고 환불해주지 않아도 좋다며 과감히 막대한 현금을 걸 수 있었던 것이다. 당신 역시 사업을 하면서 이처럼 황소가 되는 법을 배우도록 하라.

잊지 마라. 누구에게나 어려운 일이 생겨나기 마련이다. 그러나 평소에 황소처럼 움직인다면 어떨까? 즉 언제나 당신이 황소라면, 언제나 어려움을 극복할 수 있다. 예를 들어 앞서 2부에서 나는 운전자본, 즉 현금 유동성을 강조했었다. 상황이 힘들어 다른 사람들은 살아남기 위해 안간힘을 쓸 때, 평소에 황소처럼 지낸 사람은 보다 쉽게 그 상황을 헤쳐 나갈 수 있다. 그러니까 다른 사람들은 그저 살아남기 바쁜 상황에서 배고픈 황소는 이런저런 기회들을 잡을 준비가 되어 있는 것이다. 다른 사람들이 빌빌거릴 때 굳센 모습을 보이는 황소가 되라.

당신이 황소가 되어 움직이면 그 어떤 힘든 일도 극복할 수 없는 장애물이 되지 못한다. 그 대신 모든 걸 결승선까지 가기 위해 헤쳐 나가야 하는 도전 내지 단계들로 보일 것이다.

이런 경우 한 가지 문제가 해결되는데, 결론에서 보다 자세히 설명할 것이고 여기서는 간단하게만 언급하고 넘어가겠다.

많은 사람들, 특히 사업을 하는 사람들은 너무 일찍 포기한다. 그들은 문제에 부딪쳤을 때 도저히 헤쳐 나갈 길이 없다고 생각하며 쉽사리 손을 놓는다. 때로는 아주 심각한 문제일 수 있지만, 그것이 정말 사업을 접을 만큼의 일인가?

사업 문제에 관한 한, 회사나 공장 문을 완전히 닫기 전까지는 절대 포기하지 말라고 말하고 싶다. 그때까지는 그야말로 모든 게 가능하다.

만일 앞에 닥친 문제를 극복할 수 없는 장애물로 보지 않고 어떻게든 해결하려는 마음으로 임한다면 당신은 계속 나아갈 수 있으며, 그럴 경우 당신의 사업을 다음 단계로, 다시 또 그 다음 단계로 끌어올릴 수 있다.

- 동기부여가 잘 되어 있는 사람들과 함께 일하도록 하라.

- 늘 배고파하라. 결코 현실에 안주하지 마라.

- 성공은 무언가를 그 누구보다도 잘할 때 찾아온다.

- 모든 게 잘 풀릴 때 헝그리 정신을 유지하면 힘든 일을 만났을 때 그 보상을 받게 된다.

- 모든 문제를 장애물로 보지 말고 도전 과제로 보라.

리더십에 대하여

Live your leadership

나는 이런 말을 즐겨 한다.

"상황이 좋을 때는 모든 리더가 멋져 보이지만, 상황이 안 좋을 때 비로소 진정 위대한 리더를 볼 수 있다."

내 관점에서 리더십은 당신이 다른 사람들에게 일방적으로 행사하는 것이 아니다. 사실 사람들은 누군가가 자신들을 이끌어주기를 바란다. 보다 구체적으로 말하자면, 사람들은 위대한 리더가 자신들을 이끌어주기 바란다.

상황이 힘들 때는 특히 더 그렇다. 상황이 힘들 때 위대한 리더들은 앞에 나서서 모든 사람에게 동기부여를 해주고 집중할 수 있게 돕는다. 그들은 두려움과 불안감을 조장하지 않는다. 그 대신 언젠가 반드시 오기 마련인 '보다 나은 때'에 자신의 팀이 대비할 수 있게 이끈다.

위대한 리더들은 만들어지는 게 아니라 태어나는 것이라는 말도 있다. 위대한 리더는 별다른 노력을 하지 않아도 그 자체로 위대하다는 것이다. 결국 리더십은 태어날 때부터 타고난다는 것.

나 역시 그 말에 동의하지만, 어느 정도까지만 동의한다. 그렇다, 분명 타고난 리더들이 있다. 별 노력 없이도 그냥 리더로서의 자질을 가진 사람들 말이다. 그러나 동시에 위대한 리더의 자질은 후천적으로 익힐 수 있다고도 믿는다. 내가 해주는 조언에 기꺼이 귀 기울일 수 있는 사람은, 적어도 현재의 자신보다는 더 나은 리더가 될 수 있다.

위대한 기업에는 언제나 위대한 리더십이 있다. 이제 내가 리더십 역량을 키우기 위해 여러 해에 걸쳐 배우고 적용한 몇 가지 전략들을 소개하고자 한다. 당신 역시 매일같이 리더십 역량을 키울 수 있으며, 그럼으로써 당신 사업을 다음 단계로 끌어올릴 수 있다.

리더의 의사소통 기술:
귀 기울여 들어라

우리 모두 귀 두 개, 입 하나를 갖고 태어난 데는 그럴 만한 이유
가 있다. 그리고 그건 자연이 우연히 여벌의 귀를 갖게 돼 우리 머
리에 붙여주기로 했기 때문은 아니다.

사람에게 두 개의 귀와 하나의 입이 있는 이유는, 말하는 것보다
듣는 게 훨씬 더 중요하기 때문이다. 이는 모든 사람에게 맞지만 특
히 위대한 리더들에게 더 맞는 말이다.

위대한 리더들은 일부러 시간을 내어 자기 파트너나 직원, 고문,
그리고 고객들의 말에 귀 기울인다. 내 경우에는 블랙잭 테이블에
있는 사람들이나 슬롯머신을 하고 있는 사람들에게 다가가 이야기
를 나눈다. 그처럼 최일선에서 사람들과 말을 하다 보면 많은 걸 알

게 된다. 물론 쓸데없는 말도 많이 듣겠지만 그중에서 단 한 마디라도 유용한 정보를 건질 수 있다면 성공한 것이다. 그리고 그런 대화를 계속 나누다보면, 쓸모없는 이야기와 쓸모 있는 이야기를 더 잘 구분할 수 있게 된다.

이는 다시 이 책에서 내가 이제껏 강조해온 한 가지 주제로 귀결된다. '당신이 잘 아는 것이 무엇이고 잘 모르는 것이 무엇인지를 알라.' 이는 모든 위대한 리더가 갖고 있는 개인적인 솔직함과도 연결된다. 그들은 자신이 무엇을 알고 무엇을 모르는지 잘 알며, 또한 다른 사람들에게 자신이 아는 것과 모르는 것을 확인받는 법도 잘 안다.

위대한 리더는 자기 곁에 자신보다 훨씬 더 똑똑한 사람들을 둔다는 이야기도 있다. 그렇게 똑똑한 사람들의 말을 듣지 않고 무시할 수는 없으리라. 나는 팀을 짤 때 반드시 팀원 한 사람 한 사람이 팀에 무언가 도움이 되는 구석이 있도록 구성한다. 내가 항상 고수하는 전략이다.

그렇다고 해서 무조건 자신의 본능을 무시해야 한다는 이야기는 아니다. 오히려 그 정반대이다. 특히 다른 사람들의 말을 들을 때 자신 안의 본능을 적극적으로 활용하고 또 의존하도록 하라. 당신의 본능이 무엇이 좋은 조언이고 무엇이 좋지 않은 조언인지 알려줄 것이다. 아니면 또 무엇이 정확한 조언이고 무엇이 정확하지 않은 조언인지도 알게 해줄 것이다.

누구의 말을 어떻게 들어야 하는가

잠시 조언을 해주는 사람들 이야기를 해보자. 이제 사업과 관련해 내가 싫어하는 일 한 가지에 대해 이야기할 시간이 된 것 같다.

조심스레 말하자면, 나는 고문들을 고용하는 걸 썩 좋아하지 않는다. 한 가지 이유는 너무 많은 돈을 줘야 할 수 있다는 점이다. 많은 기업가들이 고문의 도움을 받고 있는데, 고문에 대한 이들의 의존도는 계속 높아지고 있다. 고문들과 오래 일하면 일할수록 그들이 점점 더 필요해지게 되며, 그 결과 그들의 몸값 또한 점점 더 오르게 된다. 전혀 반가운 일이 아니다!

고문들의 고문을 받다가 파산할 수도 있다.

게다가 외부인을 사업에 끌어들이는 경우 역효과를 낳을 수도 있다. 그들은 당신에게 객관적인 관점을 제시하지만, 그런 건 사실 다른 사람들한테서도 들을 수 있는 조언이다. 게다가 고문 중 그 누구도 당신과 매일 함께 일하는 사람들보다 사업에 대해 더 많이 알

수는 없다. 나는 고문들에게 지나치게 의존하는 최고경영자들을 많이 봐왔다.

위대한 리더들은 고문의 말 하나에 의존하기보다는 직원들, 파트너업체, 그리고 고객의 목소리에 더 귀를 기울인다. 모든 사람이 자신에게 도움이 될 만한 것을 갖고 있다는 걸 잘 알기 때문이다. 모든 사람들의 말에 관심을 가지고 귀 기울여 들어라. 그럼으로써 더 나은 리더가 될 수 있다.

물론 이처럼 주변 사람들 말에 귀를 기울이는 목적이, 꼭 그들 말에 동의하기 위해서 혹은 다른 사람들의 말대로 실행하기 위해서가 아니다. 전혀 아니다. 그러나 적어도 다른 사람들이 하는 말을 듣고 그걸 염두에 두면 최대한 현명한 결정을 내릴 수 있는 가능성이 높아지게 된다. 또한 의외의 지점에서 사업 개선이 필요하다는 사실을 파악할 수도 있다. 이 모든 것을 통해 관점을 넓혀라. 절대 나쁜 일이 아니다.

이를 설명하기 위해 얼마 전에 겪은 이야기를 들려주겠다. 나는 규모가 좀 큰 호텔들을 책임지고 있는 총괄 매니저들 및 관계자들과 미팅을 가졌다. 그들은 호텔 투숙객들에게 체류비의 15퍼센트를 깎아주는 판촉 행사에 대한 이야기를 하고 있었다. 그리고 '15 percent off BAR'라는 이름으로 그 행사를 했으면 했다.

접객업계에 몸담고 있는 사람이 아니라면, 아마 '15 percent off BAR'라는 말을 듣는 순간 호텔 바에서 15퍼센트 할인해준다는 말인가보다 할 것이다. 그러나 우리가 하려는 말은 그게 아니었다. 우리가 말하는 BAR란 숙박비를 뜻하는 말이었던 것이다(best available rate의 줄임말로 '가장 좋은 조건의 객실 비용'이라는 뜻).

그 자리에서 조심스레 오가는 이야기에 끼어들지 않고 듣기만 한 건 잘한 일이었다. 나는 그들에게 복잡하게 생각하지 말라며 이렇게 말했다.

"여러분은 지금 호텔 용어를 쓰려 하고 있는데요. 그러면 누군가 호텔 바로 걸어 들어와 이렇게 말할 겁니다. '어디서 15퍼센트가 할인된다는 거죠?' 여러분이야 BAR가 숙박비라는 걸 알지만 고객들은 모르잖아요."

이처럼 직원들의 말에 귀 기울이며 체크하다 보면, 일반 대중을 상대로 커뮤니케이션을 할 때 내부 전문 용어를 써서 고객과의 소통이 막히는 걸 피할 수 있다. 기업은 워낙 내부 문제에 골몰하는 경우가 많아, 자신이 가끔 자기 직원들이나 이해할 수 있는 언어를 쓰고 있다는 걸 간과하기 쉽다. 정신을 차리고 사람들 말에 제대로 귀를 기울여 듣다 보면 그런 실수가 정말 심각한 문제로 커지기 전에 방지할 수 있다.

직선적으로 말하고 들어라

매일 만나는 사람들과 주고받는 일, 즉 커뮤니케이션과 관련한 나의 원칙은 그리 복잡하거나 그 목록이 길지는 않다. 그러나 언제나 철두철미하게 지키는 원칙 한 가지가 있다.

쓸데없는 말들을 늘어놓지 말라는 것.

사업을 하다 보면 좋은 소식도 들을 수 있고 나쁜 소식도 들을 수 있다. 직원의 입장에서는 상사에게 좋은 소식도 말해야 하고 나쁜 소식도 말해야 한다는 뜻이다. 그러나 순전히 진실을 숨기거나 미화하기 위한 목적으로 쓸데없는 말을 잔뜩 늘어놓으려 하진 말라. 만일 뭔가 해야 할 말이 있다면 그냥 그 말을 해야 한다. 다시 말해 직선적으로 말하라는 것이다.

남의 말을 잘 듣는다는 것은 원활한 커뮤니케이션에 필요한 것이 무엇인지를 잘 안다는 의미인데, 직선적인 말은 이와 같은 효율적이며 명쾌하면서도 원활한 커뮤니케이션에 도움이 된다.

나는 함께 일하는 사람들에게 늘 무뚝뚝하게 느껴질 만큼 직선적으로 말하며, 마찬가지로 상대 역시 그렇게 직선적으로 말해주길 바란다. 내 사무실로 걸어 들어와 쓸데없는 말을 하지 마라. 단언컨대 바로 제지할 것이다. 대개 쓸데없는 말은 멀리서도 쉽게 그 냄새를 맡을 수 있다.

좋은 예를 하나 들겠다. 얼마 전에 오클라호마에 있는 식당 하나가 어떤 이유에선지 잘 돌아가지 않고 있었다. 나는 현지 매니저에게 대체 어찌 된 거냐고 물었다. 그는 오클라호마에는 '전문 식당들'이 있어서라고 말했다. 나는 그를 보며 말했다.

"말이 좀 거칠어도 이해해요. 빌어먹을 무슨 식당들이요?"

그 매니저의 말은 내가 태어나 들은 말들 가운데 가장 어처구니없고 가장 쓸데없는 말 중 하나였다. 오클라호마에는 전문 식당들이 있다? 그게 대체 무슨 말인가? 전문 식당이란 또 뭔가? 그게 대체 왜 오클라호마만의 일인가? 휴스턴, 오스틴, 털사 같은 도시들에는 다 '전문 식당'들이 없단 말인가?

오늘날까지도 나는 그가 대체 무슨 얘기를 하려고 그런 말을 했는지 이해가 안 된다. 그러나 여러 면에서 그건 중요한 문제가 아니다. 그건 그야말로 전혀 사실이 아닌, 쓸데없는 말이었다. 나는 살면서 그렇게 말도 안 되는 소리는 들은 적이 없다. 사람들은 어디가나 똑같다. 적절한 가격에 좋은 음식, 좋은 서비스를 바란다. 오클라호마에서는 그렇게 하고 못하고 있었던 게 분명했을 뿐인데 그 매니저는 사실과는 전혀 다른 엉뚱한 이야기만 늘어놓았다.

실제 침대에 있지도 않은 머리를 보여주지 마라.

우리 호텔 체인에서 흔히 쓰는 말들 가운데 이런 말이 있다. '실제 침대에 있지도 않은 머리를 보여주지 마라.' 즉, 어떤 특정한 날에 얼마나 많은 방에 손님을 들였는지 그 수치를 보고할 때 장난을 치지 말라는 뜻이다. 간단명료하면서도 직선적으로 사실만을 이야기하는 것, 이는 내가 나 자신은 물론 함께 일하는 모든 사람들한테 바라는 것이다.

그러니 같은 맥락에서 누군가가 내게 "모르겠습니다."라고 말한다 해도 아무 문제 없다. 그 또한 직선적이고 간결하기에 아무 문제도 없는 것이다. 나는 누군가가 말도 안 되는 이야기를 지어내는 것보다는 솔직하게 '모르겠습니다.'라고 말하는 게 더 좋다. 물론 모르겠다고 말하는 사람이 "하지만 알아보겠습니다."라는 말을 덧붙인다면 훨씬 더 좋다.

이는 다시 앞서 여러 차례 언급한 겸손의 가치와 연결된다. 우리들 중 그 누구도 모든 답을 알고 있지는 못한데, 이 사실을 깨달은 리더는 진정으로 위대한 리더가 될 수 있다. 그런 리더는 누군가가 무언가에 대해 모른다고 말할 때 화를 내거나 추궁하는 대신 편하게 받아들인다. 자기 자신 또한 모든 걸 알지는 못한다는 사실을 잘 알기 때문이다.

질문을 하는 사람은 자신이 모르는 것에 대해 물어볼 수 있는 겸손함이 있기 때문에, 방 안에서 가장 똑똑한 사람일 확률이 높다.

겸손의 가치와 관련해 중요한 점을 다시 짚겠다. 직선적으로 말하고 들으라는 조언을 들은 많은 이들이 상대에게 직선적으로 말하는 자신의 모습만을 상상한다. 하지만 아니다. 직선적으로 말하고 '들어야' 한다. 당신이 직선적으로 말할 경우, 상대 역시 당신에게 직선적으로 말하는 걸 허용해야 한다. 그리고 그걸로는 부족하다. 그런 상대의 말을 받아들일 수 있어야 한다.

〈빌리언 달러 바이어〉를 진행해오면서, 나는 다른 사람들이 자신에 대해 해주는 말을 귀담아 듣지 않는 리더들 때문에 뛰어난 제품들을 갖고 있으면서도 그 빛이 바래는 기업들을 여럿 봤다. 특히 한 기업이 기억나는데, 그 기업의 소유주는 다른 사람들로부터 '오만하고' '어리석으며' '미숙하다'라는 말을 들으면서도 자신의 리더십 역량과 다른 사람들과의 커뮤니케이션 방식에 문제가 있다는 사실을 인정하지 않았다.

결국 나는 그 기업가와 거래를 하지 않기로 마음먹었는데, 그 주요 원인 중 하나는 그녀의 리더십 스타일이었다.

짧게, 효율적으로

사람들의 말에 귀 기울여야 한다고 해서 온종일 다른 사람의 말에 귀 기울여야 한다는 건 아니다. 내가 늘 회의는 가능한 한 짧게(이상적인 것은 15분 내외) 하는 것을 원칙으로 삼고 있는 이유가 바로 효율적인 커뮤니케이션을 위해서다. 물론 가끔 시간을 넘기기도 하지만, 회의에 시간 제약 혹은 비슷한 원칙을 두면 대개 평균 회의 시간이 줄어들며 시간을 보다 생산적으로 쓸 수 있게 된다. 그리고 그렇게 짧은 회의 시간을, 가능하면 바람직한 사업 방식을 찾는 데 쓰려고 애쓴다. 모든 사람이 그 짧은 시간을 최대한 잘 활용하려고 회의 준비를 더 잘하게 된다.

내가 회의는 짧아야 한다고 확신하는 이유가 단순히 사람들이 질질 끄는 긴 회의를 싫어하기 때문이 아니다. 짧은 회의를 하다보면 말을 직선적으로 하게 되며 이에 따른 책임감도 커지게 된다. 만일 사람들에게 회의를 15분 내외의 시간 동안 집중적으로 하자고 하면, 그들은 그 짧은 회의 시간에 맞춰 최선을 다하려 할 것이다. 그러면 회의가 효율적으로 진행되어 많은 결정을 올바로 내릴 수 있다. 짧은 회의의 목적은 궁극적으로 모든 사람들로 하여금 회의에 집중하게 하고 또 당신이 자신들의 말에 귀 기울인다는 걸 알게 해주는 것이다. 다시 말해 요점만 제대로 말하고 끝내는 것이다.

또한 회의를 짧게 할수록 조직 전체가 당면한 목표들과 처리해야 할 시급한 과제들에 더 오랜 시간 전념할 수 있게 된다. 예를 들어 나는 앞에서 어떤 사업을 하든 고객 응대가 아주 중요하다는 걸 강조했었는데, 짧은 회의는 그런 메시지를 반복해서 전달하는 데 아주 이상적이다. 짧은 회의를 통해 모든 사람들에게 그날의 특별한 일들과 생산 및 배달 문제에 관한 일 등 모든 것을 상기시키고 또 강조할 수 있는 것이다.

짧은 회의 시간에 몇몇 사람들이 말을 너무 오래 하거나 계속 주제에서 벗어난 말을 하는 경우가 있다. 이런 걸 계속 듣는 건 가치 없는 일이다. 이때 직선적으로 말하면 도움이 된다. 좀 더 명확하게 직선적으로 말해달라고 부탁하라. 직선적으로 말한다면 너무 오래 말할 일은 없을 것이다.

회의는 짧게 집중적으로 하라. 그러면 메시지도 더 잘 전달되고 이해도 더 잘된다.

가장 좋은 의사소통은 행동이다

다른 사람들의 말에 귀 기울이는 리더는 잘 연결되는 리더, 즉 자신의 사업이나 함께 일하는 사람들과 잘 연결되는 리더이기도 하다. 위대한 리더는 자신의 사업이 아무리 커진다 해도 계속 그 사업에 관여할 필요가 있고 또 그러고 싶어 한다. 그리고 내 조언은 늘 같다.

당신 자신의 손을 더럽혀라.

그러니까 당신 사업이 성공하는 데 필요한 일이라면 무엇이 됐든 그 일에 전력투구하라는 것이다. 너무 사소하거나 하찮은 일이란 없다. 내 경우 내 식당에 걸어 들어가다가 바닥에 사탕 포장지 같은 게 보이면 바로 집어든다. 호텔에 들어가다가 엉뚱한 곳에 의자가 있는 게 보이면 원래 자리에 되돌려 놓는다.

여기서 말하고자 하는 건 당신이 어떤 사람이든 변치 말라는 것이다. 어떤 문제가 보인다면 개입하라. 그리고 이런 원칙은 당신의 사업이 비약적으로 성장했든, 아니면 이제 막 시작해 당신 자신이 많은 개입을 해야 하든 늘 적용되어야 한다.

들어라! [Listen]

누군가에게 무언가를 하라고 말했다고 해서 그대로 실행될 거라고 생각하지 마라. 이는 내가 사업을 하면서 배운 가장 큰 교훈들 중 하나다. 사업을 시작하게 된다면, 모든 일이 당신이 원하는 대로 되고 있는지 잘 점검하도록 하라. 계속 그렇게 점검해야 한다.

나는 처음 사업을 시작할 때 그렇게 했고, 지금까지도 그렇게 하

고 있다. 실제로 얼마 전 포스트 오크 호텔에 들렀을 때, 엘리베이터에서 내려 어떤 방으로 가는데 복도에 룸서비스 카트가 서 있었다. 룸서비스 주문을 처리하다보면 많은 게 잘못될 수 있다. 심한 경우 케첩이나 레몬을 가져가지 않아 다시 주방까지 달려가야 하는 경우도 있다. 그래서 늘 실수하지 않게 미리 시간을 내 모든 걸 꼼꼼히 체크해야 한다.

나는 룸서비스 담당자를 불러 세웠다. 그리고 제대로 체크했는지 살펴보았는데, 별 일 없었다. 카트 맨 위의 전체 배열도 괜찮아 보였다. 그런 뒤 나는 음식을 좀 보자고 했다.

룸서비스 담당자가 커버를 벗겼다. 그 아래에 상추도 토마토도 피클도 전혀 들어 있지 않은 햄버거가 놓여 있었다. 빵 외엔 아무것도 들지 않은 그런 햄버거였다.

나는 불같이 화를 냈다. 살아오면서 그렇게 엉망인 음식은 본 적이 없었다. 다른 호텔에서 그런 일이 있었다면 그냥 웃고 말았을 것이다. 그러나 이건 내 호텔이었다. 5성급 호텔이자 세계에서 가장 멋진 호텔 중 하나인 포스트 오크 호텔. 99퍼센트가 완벽한 호텔. 그런데 이번에는 아니었다. 그야말로 상이란 상은 죄다 받은 최고급 호텔인데도 이렇게 어처구니없는 실수를 한 것이다. 나는 즉시 그 음식의 사진을 찍어 호텔 총괄 매니저와 총괄 요리사에게 보여주었다.

절대 모든 게 완전하다고 생각하지 마라. 심지어 5성급 호텔에서도 말이다. 모든 게 완벽할 거라고 생각하는 곳에서도 나는 그렇게 직접 체크를 해봤다. 지난 35년 넘게 늘 그렇게 해왔다.

내가 이렇게까지 하는 이유가 뭘까? 물론 가능한 한 모든 것에 대해, 그러니까 다른 사람들이라면 별 것 아니라고 무시할 수도 있는 세세한 부분까지 계속 관여하기 위해서다. 어떤 기업 소유주들은 바닥에 쓰레기 하나가 놓여 있다고 해서 세상이 끝나는 건 아니라고 생각할 수도 있다. 아니면 다른 누군가가 나타나 그 쓰레기를 주울 때까지 그냥 기다릴 수도 있다.

그러나 나는 그렇지 않다. 당신 역시 마찬가지일 거라고 생각한다. 늘 관여할 기회를 찾길 바란다.

앞에서 내가 1킬로미터도 넘는 곳에 있는 수명이 다 된 백열전등까지 알아본다는 우스갯소리가 있다는 말을 한 적이 있다. 많은 사람들은 아마 절대 그걸 보지 못할 것이며, 설사 본다 해도 별로 중요하지 않다고 생각할 것이다. 그러나 내게, 그리고 성공하기 위해 애쓰는 거의 모든 기업가와 사업 소유주에게 하찮은 일이란 없다.

사람들이 열심히 일할 때 어떤 모습을 하고 있는지 생각해보라. 대개는 고개를 숙이고 있을 것이다. 좋은 일이다. 열심히 집중하고 있다는 뜻이니까. 그러나 가끔 가다 한 번씩 고개를 들어 어떻게 돌아가고 있나 주변을 둘러보라. 뭔가 소중한 것을 놓치지 않도록.

그리고 시간을 내어, 다른 사람들의 말을 최대한 잘 들을 수 있도록 귀 기울여보라.

틸만의 목표

- 시간을 내어 모든 사람들의 말을 들어보라.
- 위대한 리더는 늘 귀 기울인다.
- 직선적으로 말하고, 상대도 직선적으로 말하게 하라.
- 회의는 짧게 하여 사람들이 집중하게 하라.
- 가능한 한 늘 당신의 사업에 관여하도록 하라.
- 말했다고 안심하지 말고 직접 체크하라.

위대한 리더는 위대한 스승이다

어느 날 나는 루이지애나주 레이크찰스에 있는 골든 너겟 카지노&호텔의 한 식당에 앉아 있었다. 앞에서 여러 차례 언급했듯, 기업가의 입장에서는 모든 면에서 늘 자신의 사업에 관심을 갖고 관여할 필요가 있다. 그런 생각을 가지고 나는 골든 너겟의 다른 곳들은 어떤가 살피기 위해 잠시 여기저기 돌아다녀보기로 했다.

여기저기 다니다가 나는 캐리어를 끌고 안내 데스크 쪽으로 걸어가는 한 고객을 봤는데, 얼핏 보기에도 체크인을 하려는 것 같았다. 모든 게 문제 없어 보였고, 그래서 나는 계속 여기저기 돌아다녔다.

40분 후 로비로 되돌아왔는데, 거기 아까 봤던 그 고객이 앉아 있는 게 보였다. 체크인을 못했는지 가방들이 옆에 놓여 있었다.

　나는 안내 데스크 쪽으로 걸어가 직원들에게 어찌 된 일이냐고 물었다. 그리고 '방에 뭔가 문제가 있어' 체크인이 지체되고 있다는 답을 들었다. 말 그대로 호기심이 생겨, 나는 대체 무슨 일인지 직접 보기 위해 엘리베이터를 타고 문제의 방으로 올라갔다.

　방을 들여다보니 직원들이 객실을 정리하느라 바삐 움직이고 있었다. 얼핏 보기에는 체크인하는 데는 별 문제 없을 듯했다.

　"대체 어찌 된 겁니까?"

　내가 한 직원에게 물었다.

　"다리미를 기다리고 있습니다."

　그녀가 답했다.

　"뭐요?"

　"방에서 고객이 쓸 다리미를 기다리고 있습니다. 담당자가 아직 서명을 안 해서, 그 사람이 서명할 때까지는 다리미를 방에 들일 수가 없대서요."

　나는 고개를 설레설레 저었다.

　"그러니까 지금 고작 다리미 하나 때문에 누군가를 40분 동안이나 로비에 앉아 있게 한다는 겁니까?"

　내가 따져 물었다. 그 직원은 어깨만 으쓱해 보였다.

　주변을 둘러보니, 객실의 다른 것들도 투숙객을 들일 준비가 전혀 되어 있지 않았다. 보아하니 다리미와 관련된 '중요한' 결정이 이루어지지 않는 바람에 모든 게 지체되거나 유보되고 있는 상황이었다.

나는 서둘러 안내 데스크로 내려가, 비슷한 조건의 다른 방들 가운데 빈 방이 없냐고 물었다. 그랬더니 모든 준비가 다 되어 있는 방이 하나 있긴 한데, 다른 고객이 예약해놓은 방이라고 했다. 그런데 그 고객은 그날 저녁까지는 오지 않는다고 했다. 몇 시간 후에나 올 거란 말이었다.

"난 나중에 올 고객한테는 관심 없어요."

내가 안내 데스크 직원들에게 말했다.

"지금 이 문제부터 당장 해결합시다. 이미 여기 와 계신 고객을 열 받게 하지 말자고요! 저 고객께 먼저 방을 내어드리고, 다른 고객 걱정은 나중에 합시다."

커뮤니케이션에 문제가 있었던 게 분명했다. 누군가가 선임 매니저에게 전화를 걸었다면 그 매니저가 바로 문제를 해결할 수도 있었을 텐데, 아무도 그런 순발력을 발휘하지 못한 것이다.

그나마 다행이라면, 그들이 모두 경험에서 뭔가 배울 수 있다는 걸 내가 안다는 것이다. 그리고 바로 이것이 위대한 리더는 위대한 스승이기도 해야 하는 이유다.

당신이 스승으로서 할 수 있는 일을 한 마디로 요약하자면, 특정 상황에서 어떻게 행동하는지 직접 시범을 보이는 것이다. 어떤 날은 방 세팅이 끝나길 기다리느라 고객이 로비에서 불필요한 시간을 보내야 하는 것처럼 절대 일어나선 안 될 일을 직접 핸들링하여 시범을 보이고, 직원들이 그 경험에서 교훈을 얻도록 할 수 있다. 또 어떤 날은 신속히 걸레질을 하지 않아 건물 중앙 출입구 부분에 젖은 데가 생기는 문제처럼, 아주 일상적이고 평범한 문제들을 직접 해결해 보이면 직원들이 얻는 교훈이 있을 것이다. 매일매일의 일상은 이렇게 가르침을 통해 변할 수 있다.

그리고 문제들을 해결하고 난 후, 망설이지 말고 직원들에게 그 문제를 왜 그렇게 해결하기로 결정했는지 설명하라. 그렇게 당신의 생각을 자세히 알려줌으로써 사람들은 당신이 매사에 어떤 식으로 생각하는지를 배울 수 있다.

그렇다고 해서 당신이 내리는 소소한 결정들을 전부 설명해주라는 것은 아니다. 예를 들어 중앙 출입구에 젖은 데가 보이면, 아무런 설명을 할 필요 없이 타월을 찾아 물기를 훔치면 된다. 그렇게 함으로써 직원들한테 교훈을 줄 수 있다. 당신이 늘 두 눈을 크게 뜨고 있으며 아주 소소한 문제도 놓치지 않는다는 것. 업장 내에 젖은 곳이 보이면 타월로 닦으면 된다는 걸 이미 아는 직원에게 보내는 일종의 경고다.

당신 자신을 본보기로 만들어라. 당신이 이런저런 결정을 내리는 데 자신이 있다면(기업가이니 당연히 그런 일에 더 자신 있겠지만), 혹은 고객 응대에 자신이 있다면, 직접 시범을 보여라. 무슨 일이든 직접 해봐서 효과가 있었다면, 망설이지 말고 그 과정과 결과를 다른 사람들에게도 알려주도록 하라.

무엇을 가르쳐야 하는가

가장 중요한 건, 직원들에게 신속한 결정이 중요하다는 사실을 알려주는 것이다. 사업을 하다보면 대개 단 이틀도 똑같은 날이 없기 때문에, 즉각 생각하고 즉각 행동에 나서는 것은 더없이 중요하다. 사업을 하다보면 매일 그때그때 해결해야 할 새로운 도전, 새로운 문제, 새로운 어려움이 생기니까 말이다. 그러니 사람들은 바로 생각하고 바로 행동에 옮길 수 있어야 한다.

그렇다면 당신은 직원들이 본보기로 삼을 수 있을 정도로 즉각적으로 결정을 내릴 수 있는 리더인가? 즉각 결정을 내리려면 당신의 사업에 대해 속속들이 알고 있어야 한다. 그러니까 사업과 관련된 모든 숫자들을 포함해 지금 일이 어떻게 돌아가는지, 왜 그렇게 돌아가는지도 알아야 하는 것이다. 많이 알수록 신속한 결정을 내리는 데 더 유리하다. 그리고 무슨 결정을 하든 자신이 왜 그런 결정을 했는지 잘 알게 되며, 그걸 실제 사업에 적용하는 것도 더 수월해진다.

물론 그렇다고 해서 당신이 내리는 결정이 다 옳으리라는 얘기는 아니다. 잘 알고 있겠지만, 사업을 하다보면 워낙 예기치 않은 일들이 많이 일어나 더없이 많은 정보를 가진 기업가도 모든 일을 잘해내기란 쉽지 않다. 그러나 잘못된 결정은 언제든 바로잡을 수 있으며, 그렇게 잘못된 결정에서도 올바른 결정에서만큼이나 많은 걸 배울 수 있다. 그리고 잘못된 결정에서 배우는 교훈이 훨씬 더 값진 경우가 많다.

이 말을 꼭 하고 싶다. 어쩌면 매일매일의 행동 수칙이 적힌 대본 같은 걸 원할지 모르지만 그런 건 없다. 매일매일이 다 새롭기 때문에 대본이라는 게 있어 봐야 별 의미가 없다. 장담컨대 당신 기업도 마찬가지일 것이다. 즉각 대처할 수 있는 능력이 있는 사람들에게 더없이 좋은 상황이다.

신속한 결정은 사업에 대한 자신감을 높이고 리더십을 내 마음대로 발휘한다는 느낌을 갖게 해줄 뿐 아니라, 사람들에게 신속한 대응을 하는 게 얼마나 중요한지도 가르쳐주게 된다. 이는 당신이 함께 일하는 사람들에게 알려줄 수 있는 그 어떤 교훈보다 값진 교훈이다. 모든 이들에게 문제나 어려움에 맞닥뜨렸을 때 각각이 가진 지식을 활용해 신속하게 대응하라고 알려주어라. 또한 늘 창의적으로 생각하고, 새로운 관점으로 문제에 접근하게 도와야 한다. 이 과정에서 누군가가 경험을 통해 무언가를 배웠다면, 실수를 하더라도 용납하는 것 역시 리더의 역할이다.

내가 잇 드링크 호스트Eat Drink Host 사의 브리타니 핸카머와 메간 오벌리를 정말 마음에 들어 했던 점도 이들의 신속한 결정과 관련이 있다.

이들이 운영하는 잇 드링크 호스트는 맞춤형 종이 포장제품을 만드는 회사다. 그리고 두 사람이 만들어내는 제품들의 품질과 창의성에 깊은 감동을 받았다. ('작은 접시, 작은 칼로리'라는 예쁜 글씨가 새겨진 조그만 종이 접시에 맛있는 간식을 담아 먹는 걸 싫어할 사람이 어디 있겠는가?) 게다가 두 사람의 회사는 내가 제시한 테스트를 모두 통과했다.

나는 한 가지 실험을 진행했다. 휴스턴 로케츠 팀의 경기를 앞두고, 우리는 평상시 쓰던 접시와 잇 드링크 호스트의 종이 접시에 각종 음식을 1인분씩 담아 팬들에게 제공했다. 그러고 나서 설문조사를 했더니 놀라운 결과가 나왔다. 무려 84퍼센트의 로케츠 팬들이 잇 드링크 호스트의 제품이 다른 비교용 접시보다 더 좋다고 응답했다.

그러나 다른 많은 소규모 기업들과 마찬가지로, 잇 드링크 호스트는 우리 회사에 제품을 대량 공급할 만한 규모가 되지 못했다. 그래도 나는 그들의 디자인이 마음에 들었고, 우리 빌즈 바&버거 체인에서 그 디자인을 쓰는 대가로 독점 사용료 1만 5,000달러를 내겠다는 제의를 했다.

두 사람은 조금의 망설임도 없이 즉시 그 제안을 받아들였다. 비록 그들이 바라는 형태의 거래는 아니었지만, 내가 제시한 기회를 바로 검토해보고 신속한 결정을 내려도 괜찮겠다는 확신을 가진 것이다.

아니면 이런 생각을 했으리라. 생각, 결정, 성공.

어떻게 가르쳐야 하는가

이따금 가장 좋은 교훈들은 마음이 편치 않거나 만족스럽지 못한 상황에서 얻게 된다. 이해를 돕기 위해 그런 상황의 몇 가지 예를 들어보겠다.

우리 사업이 비교적 그 규모가 작았을 때, 총괄 매니저 전체회의를 한 적이 있다. 그들 중 한 사람이 자신이 아주 적극적으로 신입사원들을 모집 중이고, 좀 더 잘하기 위해 자기 지점만의 로고를 만들고 싶다고 했다.

나는 썩 기분이 좋지 않았고, 그 총괄 매니저에게 다음의 내용을 골자로 이야기했다. 우리에겐 이미 마케팅 부서가 있고 회사 로고도 있으며 다양한 요인들 덕에 잘 자리 잡고 있다, 따라서 굳이 새로운 로고를 만들어 회사 전체의 메시지를 분산시킬 이유가 없고, 그래서 그 제안은 받아들일 수 없다고 말이다.

당시 나는 내가 다른 사람들 앞에서 그 총괄 매니저의 제안을 묵살하고 있다는 걸 잘 알고 있었다. 내 메시지는 아주 명확했으며, 그래서 방 안에 있던 사람들 중 그 누구도 다시는 그런 제안을 하지 않으리라는 것도 잘 알았다.

후에 나는 그 총괄 매니저에게 다가가 그런 식으로 그의 제안을 묵살한 것에 대해 사과했다. 마음 상하라고 그렇게 말한 건 아니라는 말도 덧붙였다. 그렇게 함으로써 나는 내 메시지를 오해 없이 전달할 수 있었다.

이런 일은 비일비재하게 일어난다. 나는 늘 직선적으로 메시지를 건네고, 나중에 그 사람에게 다가가 어깨동무하듯 살짝 끌어안으며 왜 그렇게 이야기했는지를 설명해준다. 그러면서 그들이 불쾌한 감정은 빨리 잊고, 그 과정에서 배운 교훈은 오래 기억해주길 바란다.

최고의 교육은 맨투맨이다

뭔가를 직접 가르치는 것, 그러니까 가능하면 언제든 다른 사람들과 직접 만나 뭔가를 가르침으로써 그들의 능력을 향상시키는 것은 언제나 유익한 일이다. 늘 함께 일하는 사람들과 접촉하라. 나는 마케팅 및 홍보 부서 사람들과 긴밀히 협조하면서 일하는 걸 좋아한다. 그러면서 그들에게 어떤 광고나 캠페인을 어떻게 하면 더 좋을 것 같다는 의견을 개진하는 것이다. 그들이 내 의견을 나만큼 좋아하진 않을 수도 있겠지만, 그래도 나를 포함해 모든 사람이 그런 과정에서 뭔가를 배울 수 있다고 생각한다.

일대일로 도움을 주는 접근방식은 특정한 직위의 사람뿐 아니라 함께 일하는 사람들 모두에게 적용되어야 한다. 나의 가장 중요한 원칙들 중 하나는 간단한데, 당신이 누군가를 가르치기에는 회사에서 너무 중요한 사람이라거나 너무 높은 지위에 있는 사람이라는 생각은 절대 금물이라는 것. 앞서 언급했듯 위대한 리더는 늘 겸손하며, 이는 가르치는 일에도 예외가 없다.

자신의 지위가 워낙 높아 직원들에게 직접 무언가를 가르치기 어렵다는 생각은 절대 금물이다. 매일, 직접 나서서 직원들에게 무언가를 가르쳐야 한다. 그리고 남들에게 가르치는 만큼 배울 수 있다.

샌안토니오에 있는 내 식당 한 곳에 갔을 때의 일이다. 그런데

주방에 들어가보니 쓰레기들 속에 포크와 나이프 같은 식기류가 들어 있는 게 아닌가. 알고 보니 그 식당 서빙 담당 직원과 식탁 정리 담당 직원이 접시에 남은 음식들을 버리면서 식기류도 같이 쓰레기통에 집어넣고 있었다.

나는 불같이 화를 내며 모든 사람들이 보는 앞에서 쓰레기통을 뒤엎어 그 안에 들어 있는 것들을 바닥에 다 쏟아버렸다. 그리고 주방 안에 있는 모든 사람들이 지켜보는 가운데, 나는 식탁 정리 담당 직원과 매니저를 불렀다. 셋이서 쓰레기를 다시 주워 담으며 식기류를 골라냈다. 그리고 나중에 이들의 마음을 풀어주려고 20달러의 팁을 건넸다.

이 이야기는 당신에게 여러 가지 중요한 교훈을 알려준다. 우선 당신의 자산을 잘 지켜내야 한다는 것. (값비싼 실버웨어가 쓰레기통에 처박히다니, 그게 말이 되는가?) 그러나 더 중요한 건 따로 있다. 회사의 대표 혹은 오너가 직접 쓰레기를 줍기 위해 몸을 숙이면, 그렇게 하는 것이 하나의 기업 문화가 된다는 점이다. 누구나 그런 일을 할 수 있고 또 해야 한다는 걸 배우게 되는 것이다. 또한 회사 소유주가 그런 일을 하기 시작하면, 매니저가 따라 하고, 직원들을 포함한 모든 사람들이 따라하게 된다. 그렇게만 된다면 당신 손을 좀 더 럽히는 게 무슨 문제겠는가?

직원들이 맡은 일을 잘해준다면 아주 좋은 일이지만, 그건 당연한 일이지 뭔가 아주 색다르고 특별한 일로 인정해야 할 일은 아니다. 나는 자기 일을 잘하는 사람들을 인정하고 보상해야 한다고 믿지만, 이것이 끝없이 칭찬만 늘어놓으라는 뜻은 아니다. 기업 문화의 골자는 '일을 최대한 잘하는 것'이어야 한다. 잊지 마라. 자신이 맡은 일을 잘하는 건 계속 칭찬받을 일이 아니라 당연히 해야 할 일이며, 그렇게 만들기 위해선 오너가 직접 움직여야 한다.

나는 내 식당 체인의 고위급 매니저들에게 이런 말을 자주 한다. 자신이 워낙 중요하거나 바쁜 사람이어서 식탁 정리 담당 직원에게 뭔가를 가르친다거나 요리사 교육에 시간을 쓸 수 없다고 생각하지 말라고. 그런 일을 안내 데스크 매니저나 주방 매니저에게 미루면 안 된다.

당신도 식당을 운영하고 있다면, 식탁 정리 담당자를 직접 테이블로 데리고 가서 그가 어떻게 일해야 하는지 설명하라. 정확히 어떤 식으로 식탁을 닦기를 원하는지 설명하고 시범을 보이면 좋다. 식탁 아래쪽을 잘 살펴보고 뭔가 음식 같은 게 떨어져 있지 않나 확인하는 절차가 필요함을 알린다. 어쨌거나 사람들의 발도 손만큼이나 청결한 수준을 유지해야 하니까. 또한 어린아이가 앉았다 간 자리에는 케첩이나 조그만 버터 조각 같은 것들이 떨어져 있지 않나 잘 살펴보는 것 역시 필요하다면 알려줘야 한다.

이런 종류의 가르침은 아주 중요하다. 만일 매니저가 식탁 정리 담당 직원 등을 불러 상황은 늘 변한다는 걸 강조하면서 각종 문제에 대처하는 법을 가르쳐준다면, 그 직원은 단 5분에서 10분간의 교육을 통해 일주일 과정의 단체 교육을 받은 것보다 더 많은 걸 배우게 된다.

또한 그렇게 직접 매니저한테 교육을 받은 직원은 스스로 중요한 사람이라는 느낌을 받게 된다. 그러면서 그 직원은 이런 생각을 하게 된다. '총괄 매니저가 일부러 시간을 내어 일을 제대로 하는 법을 가르쳐주는 걸 보니, 내가 하는 이 일이 회사 전체의 성공에 중요한 모양이야.'

나는 물론 사람들 모두가 매일매일 뭔가를 배운다. 매일 누군가가 우리에게 뭔가 가르침을 주어, 우리는 매일 조금은 더 현명한 사람이 되는 것이다. 만일 리더로서 주변 모든 사람들에게 늘 뭔가 가르침을 준다면, 거꾸로 그 사람들이 당신에게 가르쳐주는 것들로 인해 늘 뭔가를 배우고 또 도움을 받게 된다.

어떻게 하면 잘 배울 수 있을까? 이는 앞에서 이미 이야기했다. 잠시 모든 걸 내려놓고 귀 기울이면 된다. 우리 모두 시간을 내어 사람들의 말에 귀 기울이면 매일매일 아주 작은 것이라도 배울 수 있고, 그 덕에 그 다음날이면 더 나은 기업가, 더 나은 소유주, 더 나은 매니저, 더 나은 직원이 될 수 있다.

- 위대한 리더는 위대한 스승이기도 하다. 당신 주변 사람들에게 뭔가를 가르칠 기회를 놓치지 마라.
- 사람들의 순발력과 창의력을 키우도록 가르쳐라.
- 실수를 두려워하지 마라. 실수는 성공보다 더 나은 스승일 수 있다.
- 위대한 리더는 늘 뭔가를 배운다.

위대한 리더가 변화를 이끈다

기업가들을 비롯한 많은 사람들이 변화를 두려워하거나 위협으로 느낀다.

나는 그렇지 않다. 나는 변화를 아주 좋아한다. 사실 늘 입에 '변화, 변화, 변화'를 달고 살 정도다.

변화는 우리 모두에게 뭔가 개선할 기회를 주고 우리 자신을 재창조할 기회를 주고 과거의 잘못들을 바로잡을 기회를 준다. 그리고 만일 변화하고 변화하지 않는다면, 이 책 서두에서 얘기한 것처럼 이런저런 장애물들이 앞을 가로막게 된다.

그것도 아주 빨리.

바로 앞 14장에서 이야기한, 위대한 스승이 되는 것의 중요성을 다시 떠올려보자. 늘 남들에게 뭔가를 가르치는 게 그리 중요한 이유는, 사업을 할 때 주변 사람들이 변화하고 성장해야 하기 때문이다. 당신은 주변 사람들이 보다 향상되고 자신의 일을 더 잘하고 더 신속하면서도 창조적인 생각을 함으로써 변화를 일으킬 수 있기를 바라야 한다.

> **들어라!** [Listen]
>
> 아주 간단한 사실이지만, 당신이 원하든 원하지 않든 변화는 늘 일어난다. 당신은 변화를 예측하는 법을 배워 당신 자신과 당신 기업이 보다 민첩하게 그 변화에 적응하게 할 수도 있고, 변화를 무시하고 거부할 수도 있다.

무시하거나 따라가거나 일으키거나

변화를 무시하고 거부하면 결국 장애물에 부딪치고, 이를 극복하지 못해 도태될 것이다. 주변에서 일어나는 변화를 무시하기로 마음먹었던 대표적인 기업들인 제록스, 코닥, 블록버스터* 등의 경우를 보라.

---

*   비디오 대여점. 넷플릭스의 공세에 밀려 파산했다.

변화의 중요성은 내가 끊임없이 얘기하는 것이다. 당신은 늘 당신 사업을 변화시킬 방법들을 모색할 필요가 있다. 당신 기업이 속한 업계가 어디든 끊임없이 변화하고 있으며, 트렌드도 계속 변화하기 때문이다. 새로운 제품이나 새로운 서비스로 남들보다 앞서가는 길을 모색하지 않는다면, 그야말로 바로 뒤처지게 될 수 있다. 그러니 뒤늦게 뒤처진 걸 발견하고 땅을 치지 말고, 가능할 때 앞서 나가는 길을 찾도록 하라.

코카콜라가 그 좋은 예다. 그들은 꾸준히 코카콜라의 디자인 및 외형을 바꿨을 뿐 아니라 온갖 종류의 음료수와 제품들을 생산해 가면서 변화해갔다. 콜라라는 한 가지 음료수만 고집했다면 과연 살아남을 수 있었을까? 어쩌면 그랬을 수도 있지만, 변화에 잘 적응한 덕에 계속 앞서나갈 수 있었다는 것 역시 사실이다.

코카콜라의 예는 변화 예측도 중요하다는 걸 잘 보여준다. 이 회사는 모든 면에서 시장이 변화하고 있다는 걸 간파했을 뿐 아니라 미리 그 변화에 맞는 제품들을 준비했다.

변화를 예측함으로써, 단순히 시대에 맞춰 변화하는 게 아니라 시대 그 자체를 변화시킬 수 있다.

내 기업들 역시 끊임없이 변화하고 있다. 예를 들어 식당이라면 메뉴도 바뀌고 직원 유니폼도 바뀌고 실내에 흐르는 음악은 물론 모든 배치와 느낌도 바뀌고 있는 것이다. 나는 2011년에 모턴즈 더 스테이크하우스를 인수했다. 그 체인점은 1978년에 처음 개업한 이래 늘 인기 있는 스테이크 전문점이었고 내가 인수할 무렵 지점이 70군데가 넘었지만, 한 가지 중요한 요소가 빠져 있었다. 변화, 변화, 변화 말이다.

모턴즈는 세계에서 가장 유명한 스테이크 전문점 브랜드들 중 하나였지만, 그 겉모습과 느낌은 여전히 30년 전과 다름없었다. 붉은색 가죽 소파, 어두운 색깔의 마호가니 식탁, 촌스러운 턱시도에 나비넥타이를 맨 지배인. 거기다 실내에 음악도 흐르지 않았고, 각 테이블로 밀고 다니는 음식 카트는 조리되지 않은 생 스테이크 모습이 그대로 다 노출됐다. 고객층을 넓히기 위해 뭔가 변화가 필요했던 것이다.

2011년 무렵에 델 프리스코스, 마스트로스, STK 같은 최고급 스테이크 전문점들은 외관, 느낌, 분위기 등에서 모턴즈를 능가했다. 그럼 나는 어떻게 했을까? 변화, 변화, 변화. 콘셉트를 바꿨다. 실내 장식을 완전히 새롭게 했고 현대적인 가구들을 들여놨으며 나비넥타이와 턱시도를 없애고 유니폼을 업그레이드시켰고 조명을 낮추

었으며 음악을 틀었고 메뉴를 늘렸다. 그렇게 하고 나서 어떻게 됐겠는가? 모턴즈 더 스테이크하우스를 잘 알고 사랑하는 사람들은 그대로 계속 찾아왔고, 이 식당을 자신의 할아버지 할머니가 결혼 기념일 같은 날 식사를 하는 곳으로 생각하던 새로운 세대의 고객들이 새로 찾아오기 시작했다.

그럼 어떻게 변화를 예측할 수 있을까?

들어라! [Listen]

사회에서 일어나는 변화에 관심을 가져라. 그리고 당신 회사의 고객층에 대해 잘 파악하라. 그들은 지금 무엇을 소중하게 여기는가? 기술, 트렌드, 각종 혁신에도 골고루 관심을 가져라. 어떤 기술이나 트렌드나 혁신이 기업의 가치와 매력을 높여줄 것 같은가? 이를 알기 위해 반드시 고객들과 이야기를 나눠라. 직원들과도 이야기를 나눠라. 다양한 사람들과 이야기를 나눠볼수록, 당신의 시야는 폭넓어질 것이며 당신이 예측하고 대처할 변화의 그림은 더 명확해진다.

미리미리 변화에 적응하지 못하면 오히려 그 변화에 끌려가게 된다. 그리고 늘 하는 말이지만, 넋 놓고 그냥 앉아 있다 보면 결국 사업을 접어야 한다.

변화에 적극 대처해야 하는 이유를 잘 보여주는 예를 하나 들겠다. 미국 연방 대법원은 최근 여러 주에서 여러 종류의 스포츠 도박의 합법화를 허용했다. 잘 알고 있겠지만 카지노 사업은 내 사업의 상당 부분을 차지하고 있다.

나는 스포츠 도박의 합법화가 내가 이미 소유하고 있는 카지노에 별다른 피해를 주지 않기 바라며 가만히 앉아 현상 유지에 힘쓸 수도 있었고, 아니면 그런 종류의 변화를 새로운 기회로 받아들일 수도 있었다. 내가 택한 건 후자다.

스포츠 도박의 합법화에 맞서 나는 골든 너겟에 이 새로운 유형의 도박을 위한 공간을 마련했다. 하지만 변화는 결코 순탄하지 않았다. 내가 휴스턴 로케츠를 인수하게 되자 골든 너겟에서는 NBA 게임에 배팅할 수 없도록 차단된 것이다.

이는 우리에게 큰 장애물이었다. 손님의 입장에서 생각해보면 미식축구, NBA, 축구, 기타 스포츠 도박을 한꺼번에 하고 싶어 할 텐데, NBA에 배팅할 수 없는 골든 너겟을 굳이 찾아오겠는가? 골든 너겟에서 미식축구에 배팅했다가, 다른 카지노로 자리를 옮겨 NBA에 배팅할 리는 없다. 스포츠 도박 분야에서는 골든 너겟을 찾을 이유가 없어진 것이다.

나는 발상을 바꿔야 했다. 우리가 휴스턴 로케츠를 가지고 있는 게 문제인 이유는 스포츠팀을 이용한 여러 가지 안 좋은 가능성(이를테면 승부조작) 때문인데, 그렇다면 그런 여지를 없애버리면 되는 일 아닐까? 아, 휴스턴 로케츠를 팔아버렸다는 게 아니다. 대신 '휴스턴 로케츠 경기를 제외하고 스포츠 도박을 할 수 있는 카지노'라는 완전히 새로운 영역을 생각해냈다. 결국 휴스턴 로케츠의 경기가 아니면 골든 너겟에서 NBA 배팅을 진행할 수 있는 권리를 얻어내는 데 성공했다.

이 문제에 대해 CNBC와 인터뷰를 하며 나는 모든 걸 이렇게 요약했다.

"우리는 진화해야 했습니다."

그것은 변화에 대한 내 접근방식을 제대로 요약한 말이었다. 변화는 어떻게든 일어나기 마련이니, 당신 자신과 당신 기업으로 하여금 그 변화를 최대한 잘 활용하게 하라.

모든 업계에서 늘 지속적인 변화가 추구된다. 예를 들어 요식업계에서는 음악 볼륨을 조금 높이는 데서부터 시작해 여러 사람이 쓸 수 있는 긴 식탁들을 들이고 요즘 요식업 추세에 맞춰 아보카도 토스트와 꽈리고추 요리 같은 것들을 메뉴에 추가하는 것에 이르기까지 그야말로 모든 걸 변화시키고 있다.

이쯤에서 다음과 같은 의문이 제기된다. 변화는 언제 주는 게 좋으며, 일단 변화를 준 다음에는 그걸 얼마나 유지하는 게 좋은가? 그 답은 간단하다. 테스트해보는 것이다. 〈빌리언 달러 바이어〉를 본 사람은 알겠지만, 그 프로그램은 거의 모든 에피소드에서 적어도 한 가지 테스트를 거친다. 그러니까 규모가 작은 회사의 한 제품을 다른 경쟁업체들의 제품들과 비교하는 것이다. 그런 다음 실제 고객들부터 우리 회사 직원들까지 사람들을 동원해, 그들에게 어느 게 더 좋으며 왜 좋은지 솔직히 답해달라고 한다.

고객들에게 변화된 사항을 평가해달라 요청할 때는 다음과 같은 것들이 아주 중요하다. 우선 솔직하게 말해달라고 한다. 또한 당신 자신이나 함께 일하는 사람들의 말보다는 제품을 사는 사람들의 말에 귀 기울여야 한다. 앞서도 말한 바 있지만, 그것이 일반 대중에게 어필할 수 있는 최상의 방법들 가운데 하나다. 그들에게 원하는 것을 주는 것.

무엇이 옳은 변화인가

변화를 일으킬 때 유용한 조언을 하겠다.

첫 번째 조언. 나는 어떤 제품에 변화를 주려 할 때 다른 제품들과 비교 테스트해 80퍼센트 이상의 찬성이 있을 때 그 변화를 수용한다. 예를 들어 10명의 참가자들을 상대로 새로운 샐러드 드레싱을 테스트할 경우, 그 10명 중 최소한 8명이 기존 것과 비교해 새로운 드레싱이 더 좋다고 말할 때 변화를 수용하는 것. 이처럼 변화 수용 기준이 높기 때문에 어떤 결정을 내리든 더 확실하다. 이런 접근방식은 변화가 수용 가능한지를 결정짓는 데 도움이 된다.

두 번째 조언. 무언가를 없애는 변화를 줄 경우 고객에게 안 좋은 영향을 줄 그 어떤 일도 하지 마라. 앞에서 나는 비용을 줄임으로써 사업을 키워나가는 전략을 얘기했었다. 이미 효과가 입증된 전략이지만, 그 과정에서 고객에게 안 좋은 경험을 안겨주는 일이 있어선 절대 안 된다.

식당을 예를 들자면, 무조건 식탁에 빵을 올리는 것은 의외로 많은 비용이 들 수 있다. 그러니 무작정 빵을 올렸다가 돈이 많이 든다며 없애는 짓을 하지 말고, 먼저 고객들에게 빵을 원하는지를 물어봐야 한다. 그런다고 해서 고객 경험이 나빠지는 건 아니며, 오히려 고객이 결정함으로써 더 멋진 경험이 된다. 결론적으로 비용을 깎을 필요도 없고 고객 경험을 희생시킬 필요도 없다.

마찬가지로 어떤 회사가 배달 차량을 보다 작고 비용이 덜 드는 종류로 교체한다고 해도 고객 경험을 손상시키지 않는다. 고객들은 여전히 같은 제품을 받아 보게 되며, 단지 배달 방법만 달라지는 것이다. 그러니까 제품이 고객에게 약속한 날짜에 도착하고 곧 이어 적절한 고객 지원도 뒤따른다면, 어떤 변화가 있든 고객들의 입장에서는 상관없다.

그 외에 어떤 방법으로 변화에 대처하고 또 활용할 것인가? 회사 직원들을 적절히 배치시켜, 각자 자기 위치에서 자신의 역량과 기타 요소들을 최대한 활용해 변화에 제대로 적응하는 것도 그 효과가 입증된 한 전략이다.

이는 내가 이 책에서 일찍이 얘기했던 중요한 문제 하나와 연결된다. 바로 균형감각이다. 성공한 기업은 경험과 능력의 균형이 맞아야 한다는 것. 숫자에 밝은 사람도 있어야 하고 창의적인 사람도 있어야 하는 것처럼, 경험과 능력 사이에도 균형이 맞아야 하는 것이다. 이런 균형은 특정 지식이 있어야 해결할 수 있는 문제가 발생할 때, 그리고 또 어떤 변화를 반영하는 문제가 발생할 때 필요하다. 이처럼 균형이 잘 잡혀 있을 경우 올바른 결정을 내리는 데 유리하다.

또한 균형은 각종 변화에 부딪힐 때에도 아주 필요하다. 변화는 기회를 가져다주지만, 동시에 불확실성과 불안정성은 물론 심한 경우 혼란을 야기할 수도 있다. 그래서 적재적소에 자신의 역량을 최대한 발휘할 있는 사람이 있느냐 없느냐에 따라 변화를 통해 기업이 다음 단계로 올라갈 수도 있고 변화에 짓눌려 안간힘을 쓰게 될 수도 있다.

앞서 1980년대에 텍사스에서 많은 은행들이 파산했었다는 이야기를 했었는데, 그 이야기를 상기해보라. 나 역시 당시 많은 금융기관들과 많은 거래를 하고 있었기 때문에, 은행들의 파산으로 인해 사업적으로 큰 어려움을 겪을 가능성이 높았다.

그러나 실제로는 그렇지 않았다. 내 경우 그처럼 엄청난 변화를 맞아 다른 많은 사람들처럼 어려움 속에 악전고투를 한 게 아니라, 오히려 그런 변화를 최대한 유리한 쪽으로 잘 활용했기 때문이다. 내가 원하든 원하지 않든 어쨌든 변화는 일어나고 있었다. 나는 오히려 그 변화를 즐겼다. 게다가 당시의 변화는 다른 많은 사람들에게는 엄청난 시련을 안거주었지만 내게는 더없이 소중한 교훈을 주었다. 나는 늘 수중에 충분한 현금을 갖고 있는 게 중요하다는 걸 배웠을 뿐 아니라, 아무리 혼란스러운 변화 속에서도 다른 사람들은 너무 놀라 미처 보지 못하는 기회를 봐야 한다는 것도 배웠다.

변화와 리더십

변화를 야기하는 장애물들과 그걸 극복해나가는 리더십은 늘 아주 밀접한 관련이 있다. 여기서 나는 당신이 아무리 뛰어난 제품이나 서비스 같은 걸 갖고 있다 해도, 결국 모든 것은 함께 그걸 만들어내는 사람들 손에 달렸다는 말을 하고 싶다. 제 아무리 독특하거나 놀라운 제품 또는 서비스도 저 혼자 저절로 성공할 수는 없다. 결국 성공을 만들어내는 건 사람들인 것이다.

오늘날 아주 뛰어난데도 불구하고 그걸 운영하는 사람들 때문에 실패하는 기업들은 얼마든지 있다. 반대로 운영하는 사람들 덕에 엄청난 성공을 거두고 있는 기업들도 많다. 그리고 사람들을 바꿀 경우, 늘 잘나가던 기업도 얼마든지 폐업에 이를 수 있다. 반대로 사람들을 바꾸면서, 살아남기 위해 안간힘을 쓰던 기업들이 불같이 일어나기도 한다. 결국 이 모든 것은 적재적소에 적절한 사람들을 배치했는가 아닌가의 문제로 귀결되며, 이는 모든 리더들이 직면하는 가장 큰 도전 과제들 중 하나다.

적재적소에 적절한 사람들을 배치하는 데 도움을 주는 인재 평가 방법은 많다. 사업을 해오면서 알게 된 사실지만, 어떤 상황에서도 절대 실수하지 않을 경험 법칙이 있다. 당신보다 더 유능한 사람들을 채용하되, 그들 때문에 주눅들거나 겁먹지 말라는 것.

이는 모든 리더들이 늘 머리를 싸매고 고민해온 문제다. 기업 리더들은 가능한 한 가장 재능 있는 사람들을 채용하고 싶어 한다. 이는 너무도 당연한 일처럼 보이지만, 너무 재능이 뛰어난 사람들을 채용한다는 것은 곧 자칫 그들한테 자신의 자리를 뺏길 수도 있다는 의미이기도 하다. 그건 큰 위협이 아닐 수 없다.

뛰어난 리더가 되는 방법 중 하나는 자신보다 유능한 사람들을 채용하는 것이다. 자신보다 유능한 사람들을 채용한다 해서 그들이 당신 자리를 뺏어가지는 않는다. 그들은 오히려 자리를 지키는 데 도움을 줄 것이다.

마음 놓고 가능한 한 가장 우수한 사람들을 선택하라. 그들은 자신이 맡은 일에서 최대한의 성과를 내면서 오히려 당신이 자신의 자리를 계속 유지하는 데 도움을 줄 것이다. 또한 그들은 당신이 직집 나서서 이끌어야 할 일을 줄여줌으로써 당신이 보다 자유롭게 다른 일들에 집중할 수 있게 돕는다. 물론 이때 직원들은 매사에 스스로 생각해 신속한 결정을 내리는 습관이 들어 있어야 한다.

아무리 똑똑하거나 재능 있는 사람이라 해도 당신만큼 경험이 많지 않을 수도 있는데, 이때 당신의 실전 경험이 더욱 중요하다. 당신의 실전 경험에 다른 사람의 큰 잠재력을 합침으로써 강력한 팀을 만들 수 있다.

앞서 이야기했지만, 위대한 리더는 자기 곁에 자신보다 훨씬 더 똑똑한 사람들을 두고 이를 편안하게 받아들인다. 가장 재능이 뛰어난 사람들은 수시로 일어나는 변화를 그 누구보다 잘 예측하고 가장 잘 활용할 줄 아는 사람들이기 때문이다.

그러나 똑똑한 사람들을 채용하는 것에 너무 의존하지는 않기를 바란다. 그럴 경우 힘든 일은 다 그들에게 넘길 수 있고, 그래서 자신은 더 편해지고 좋아진 것처럼 착각할 수도 있다. 당신이 감당할 일은 엄연히 당신의 몫이라는 직업윤리를 잘 지켜야 한다. 그렇지 않으면 그 똑똑한 사람들이 당신 자리를 빼앗아갈 수도 있다. 그리

고 그런 일이 실제로 벌어진다면, 그 누구보다 당신 자신을 탓해야
한다.

간단하게 생각해, 멍청아!

의미 있는 변화와 일시적인 유행은 구분할 줄 알아야 한다. 유행
은 눈에 확 띄긴 하지만, 정말로 유용한 것은 거의 없다. 예를 들어
'앵그리 버드' 게임은 한동안 엄청난 인기를 끌었지만, 그 게임은
유행에 지나지 않았고 잠시 반짝했다가 곧 사라졌다. 반면 글루텐
이 함유되지 않은 음식이 인기를 끄는 데는 과학적인 근거가 있다.
실제로 사람들은 그런 음식을 먹고 상태가 좋아진다. 이는 유행이
아니라 변화인 것이다.

내 경험상 비즈니스 리더들, 특히 젊은 기업가들이 자주 하는 실
수는 과잉반응을 보이는 경향이 있다는 것이다. 나는 오랜 세월 사
업을 해왔기 때문에 가끔은 아무 결정도 하지 않는 게 가장 나은 결
정일 수도 있다는 걸 안다. 올바른 결정을 내리는 데 필요한 모든
정보를 수집하기 위해 언제나 눈과 귀를 열어두어라. 그리고 만일
그런 정보가 발견되지 않았다면, 이건 아무 결정도 안 하는 게 가장
좋은 결정일 수도 있다는 뜻이다. 같은 맥락에서 현재의 문제가 그
냥 저절로 사라지기도 한다.

한 가지 예를 들어보겠다. 최근 텍사스주에서는 총기 휴대를 허

용하는 법이 통과됐다. 그 법이 통과되자 많은 기업들이 대체 어떻게 대응해야 좋을지 몰라 전전긍긍했다. 만일 새로운 법에 동의하지 않는 기업이라면 어찌해야 할까? 자신들의 사업체 여기저기에 고객들은 총기를 갖고 들어오면 안 된다는 표지를 붙여야 할까? 만일 새로운 법에 동의한다면 고객들에게 뭐라고 해야 할까? 새로운 법에 완전히 동의하지도 반대하지도 않고 중도의 입장이라면 또 어떻게 해야 할까?

이 경우, 나는 아무것도 안 하는 게 가장 좋다고 생각했다. 총기 휴대 문제는 워낙 논란의 여지가 많은 문제여서, 여기에 손을 얹지 말고 그냥 내버려두는 게 훨씬 낫다고 판단한 것. 뜨거운 이슈에 잘못 입을 댔다간 다치기 십상이다. 게다가 총기 휴대에 찬성할 수도 있고 반대할 수도 있는 우리 고객들을 무엇 때문에 우리 손으로 배척한단 말인가?

그리고 당시 실제로 그렇게 됐다. 총기 휴대법에 대한 관심이 절로 식어버린 것.

모든 일은 그렇게 저절로 해결되는 경우가 많다. 그러니 기업가들은 그걸 알고 매사에 적절히 대처할 필요가 있다.

이 모든 것은 결국 리더십과 변화에 대한 간단한 원칙, 즉 '매사에 너무 복잡하게 생각 하지 마라'는 원칙으로 요약된다. 그렇다고 해서 사업과 관련된 모든 숫자들을 알 필요가 없다거나, 매사에 최대한 조심할 필요가 없다는 말은 아니다. 그저 너무 난리법석을 떨지는 말라는 이야기이며, 어떤 문제건 너무 많은 생각을 해 불필요하게 복잡한 문제로 만들지는 말라는 뜻이다.

이를 95대 5의 원칙이라 불러도 좋고 KISS(Keep It Simple, Stupid! 간단하게 생각해, 멍청아!) 원칙이라 불러도 좋다. 어떻게 부르든, 그럴 필요도 없는 문제들에 불필요하게 많은 에너지를 낭비하지 마라. 그리고 이는 변화의 경우에도 마찬가지다.

틸만의 목표

- 변화, 변화, 변화.
- 위대한 리더는 변화를 받아들인다.
- 똑똑하고 재능 있는 사람들을 채용하는 걸 두려워하지 마라.
- KISS를 기억하라. 심플하게 생각하라.
- 순리대로 흘러가게 놔두어라. 가끔은 아무 결정을 안 하는 것이 가장 나은 결정이다.

기권은 기권하고 계속 펀치를 날려라

성공적인 사업 운영을 위한 모든 것들(뛰어난 제품, 뛰어난 고객 서비스, 뛰어난 마케팅 등)을 하나하나 짚어보다 보면, 성장 잠재력이 있는 기업과 죽어가는 기업을 가르는 또 다른 중요한 요소가 있다.

그건 바로 꾸준함이다. 상황이 아무리 어렵든, 또는 다른 사람들이 뭐라 말하든, 계속 앞만 보고 나아가는 능력 말이다.

꾸준함이 중요하니 어쩌니 하면 말은 쉽다고 생각할지도 모른다. "당신은 성공한 사업가니 이런 말을 할 수 있는 것 아니냐?"라고 반문할 수도 있겠다. 그러나 내가 항상 지금처럼 성공적으로 사업을 했던 건 아니다. 절대 그렇지 않다. 처음 사업을 시작했을 때는 나 역시 힘들었고 허구한 날 포기를 생각했었다. 특히 사업을 키우는 데 필요한 돈을 마련하는 일은 너무나도 힘겨운 도전이었다.

다른 사람들 같았으면 진작 포기했을 일을 끝까지 포기하지 않고 밀고 나가 성공한 기업가들이라면, 아마 다 이와 비슷한 경험들이 있을 것이다.

그래서 나는 이제 이해하기는 쉽지만 실천하기는 쉽지 않아 보이는 한 가지 타개 전략을 소개하면서 이 책을 마무리하려 한다.

절대로, 절대로 포기하지 마라. 내가 이 전략을 이 책의 마지막에 소개하는 데는 그만한 이유가 있다. 포기하지 않고 계속 밀고 나가는 것이 그만큼 중요하기 때문이다. 나는 당신이 이 책을 다 읽고 한참 시간이 지난 뒤에, 내가 말한 다른 전략들은 다 잊더라도 포기하지 말라는 말만은 꼭 기억해주길 바란다.

그리고 또 혹시 모르는 일이다. 훗날 당신이 지난날들을 돌아보며 어떤 젊은 기업가에게 당신이 성공하기까지 얼마나 힘든 과정을 거쳐 왔는지를 얘기해줄 수 있게 될지.

〈빌리언 달러 바이어〉를 본 사람들은 알겠지만, 그 프로그램의 많은 에피소드들이 공통된 문제를 가진 소규모 기업들의 이야기를 다룬다. 살아남고, 성공하기 위해 몸부림치는 기업들의 이야기 말이다.

몸부림치는 이유는 기업마다 다를 수 있다. 어떤 기업들은 제 발등을 제가 찍는다. 젊은 기업가들이 너무 많은 걸 너무 빨리 이루려 하는 것이다. 또 어떤 기업들은 이 책에 여러 차례 강조한 문제인 '숫자'를 제대로 알지 못해 어려움을 겪는다.

그리고 또 그야말로 불운 때문에 고전을 면치 못하는 기업들도 있다. 허리케인 하비 때문에 파산 직전까지 내몰렸던 휴스턴의 한 작은 화강암 제조업체를 그 좋은 예로 들려 하는데, 이는 222쪽에서 다시 이야기할 것이다.

상황들은 다 다르겠지만, 이 기업들에 필요한 전략을 한 마디로 줄이자면 '꾸준함'이다.

들어라! [Listen]

어떤 상황에서든 포기하지 말고 계속 밀어붙여라. 아무도 모르는 일이다. 당신보다 먼저 상대가 거꾸러질 수도 있다.

1980년대에 내가 겪은 텍사스 금융 상황에 대한 이야기는 포기하지 않고 계속 펀치를 날리다보면 어떻게 보상을 받게 되는지를 잘 보여주는 예다. 기억하겠지만, 내 경우에는 그야말로 레이더 밑으로 날아감으로써 사업을 계속 키워나갈 수 있었다. 은행 규제 당국이 '폐업하는 은행들'이라는 보다 큰 문제를 다루는 데 정신없어 운 좋게 유예 기간을 가질 수 있었던 것.

결국 나는 살아남았다. 그리고 은행들은 거의 다 살아남지 못했다.

이건 정말 값진 교훈이다. 포기하지 않고 계속 펀치를 날리다보면 상대가 먼저 녹아웃되는 것이다. 내 경우에 '상대'는 많은 은행들이었다. 당신의 경우 그 상대는 경쟁업체일 수도 있고 채권자일 수도 있고 아니면 생산과 관련된 내부 문제일 수도 있다. 어떻게든 버티기만 한다면 상대보다 더 오래 살아남을 수도 있고 아니면 오래된 문제를 해결할 기회가 오기도 한다.

이 책에서 성공한 기업가가 되어 사업을 키워나가는 데 필요한 다양한 역량(경청, 신속한 행동력, 고객 응대, 비전, 숫자 파악, 5퍼센트를 알아내는 세심함……)들을 설명했다. 나는 그 가운데 절대 포기하지 않고 계속 펀치를 날리는 꾸준함이야말로 다른 그 어떤 역량보다 중요하다고 생각한다.

어떤 사람들은 태어날 때부터 다른 사람들보다 더 꾸준한 면이 있다. 그러나 나는 꾸준함은 모든 리더가 후천적으로 배울 수 있는 역량이라고 굳게 믿는다.

비관론자들의 말은 무시하라. 당신이 어떤 사람이든 어떤 자리에 있든, 사업을 하다보면 당신이 극복하려고 안간힘을 쓰는 것들을 지적하면서 하루라도 빨리 포기하라고 권하는 사람들을 만나게 된다. 어떤 사람들은 그야말로 순수하게 걱정이 되어서 그러겠지만, 또 어떤 사람들은 이런저런 다른 속내를 가지고 당신에게 포기하라고 권할 것이다.

절대 포기하지 말고 계속 펀치를 날리며 자신이 어떤 장점들을 갖고 있는지를 계속 상기하도록 하라. 그리고 그 장점들을 훨씬 더 강화하려 애써라. 이는 당신의 사업이 제대로 돌아가지 않는 이유를 정확히 알아내는 데도 도움이 된다. 내 경우 사업이 안 풀려 고전을 면치 못할 때 내 매니저들에게 우리는 기본으로 되돌아갈 필요가 있다고 말했었다. "뜨거운 음식은 뜨겁게, 찬 음식은 차게!" 이는 우리의 모토가 되었고, 이후 우리 고객들은 자신들이 제공받는 음식과 서비스에 대해 믿음을 갖게 됐다.

포기하지 않고 계속 밀어붙이기 위한 또 다른 전략은 현재의 어려움 때문에 과거의 성공이 빛이 바래지 않게 하는 것이다. 예를 들어 당신이 사업을 시작할 때 내놓은 제품이나 서비스가 대단한 인기를 끌었다면, 그것은 고객들이 당신 기업의 제품이나 서비스를 높이 평가할 만한 뭔가를 봤다는 의미다. 지금 어렵더라도, 그때의 느낌을 다시 떠올리면 다시 자신감도 생기고 더 열심히 노력해야 겠다는 의욕도 생길 것이다. 포기하지 않고 계속 밀어붙일 만한 목표도 생긴다.

초창기의 성공을 떠올리는 것은 지금 곤경에 처하게 된 이유를 알아내는 데 도움이 되는 이정표가 되어줄 수도 있다. 당신 자신에게 물어보라. '모든 게 정말 잘 돌아가던 그 시절과 무엇이 달라진 것일까?' 대체 무엇이 달라졌기에 한때 잘나가던 기업이 살아남기 위해 몸부림쳐야 하는 기업으로 전락했는가?

포기하지 않고 계속 밀어붙이려면 내가 그랬던 것처럼 황소가 되어야 한다. 그러니까 당신이 당신 기업의 힘의 근원이 되고 리더가 되어, 모든 게 최악을 향해 달리는 듯한 상황에서 최선을 다해 당신 기업을 이끌고 나가야 하는 것이다. 여러 번 언급했지만, 리더들은 힘든 순간에 더 빛을 발한다. 황소 같이 밀어붙여 다른 사람들에게 용기를 주는 것은 물론 기업의 생존과 발전을 위해 최선을 다하게 하라.

황소 같은 리더들의 또 다른 특징은 결코 포기하지 않으며, 설사 포기를 한다 해도 결코 너무 일찍 하지 않는다는 것이다.

나는 온갖 종류의 기업들이 문을 닫는 걸 봐왔지만, 다른 누군가에게 너무 얻어맞아 그렇게 한 경우는 정말 드물다. 내 경험상 어떤 기업들은 장애물에 부딪힐 경우 계속 그걸 극복하려 애쓰기보다는 그냥 포기하고 문을 닫으려 한다. 그러니까 거의 대부분 스스로 너무 일찍 포기해버리고 모든 게 끝났다고 선언하는 것이다.

물론 사업을 하다 다른 누군가에게 얻어맞을 수도 있다. 현금이 완전히 바닥날 수도 있고 대출 기관에서 당신의 신용을 더 이상 인정해주지 않을 수도 있다.

그런데 사실 내가 목격한 바에 따르면, 문을 닫는 그 기업들 중 상당수는 그럴 필요까지는 없었다. 그리고 지금 생각해도 기분 좋은 일이지만, 한 기업의 경우 설득을 통해 포기하지 않고 계속 사업을 하게 할 수 있었다. 〈빌리언 달러 바이어〉 세 번째 시즌 마지막 에피소드에서 소개한, 화강암을 다듬어 가정용 및 상업용 제품으로 만들어 파는 휴스턴의 한 조그만 화강암 업체인 'K&N 커스텀 그래니트 K&N Custom Granite '의 이야기다.

그 회사는 비유적으로도 또 현실적으로도 거의 파산 직전 상태까지 가 있었다. 거스 트레비노와 제시카 트레비노 부부가 팀을 이뤄 운영하는 전형적인 맘앤팝 업체*인 K&N 커스텀 그래니트는 2017년 휴스턴 지역과 멕시코만의 다른 지역들을 강타한 허리케인 하비로 인해 초토화됐었다. 도로들이 물에 잠겨 통행 불능 상태에 빠지면서 피해는 몇 주일간 지속됐고, 트레비노 부부는 14일간 집에 고립되었고 자신들의 사무실에 갈 수가 없었다. 천신만고 끝에 겨우 사무실에 갈 수 있었는데, 운 좋게도 물이 사무실까지 들이차지는 않았다.

그런데 정작 피해는 다른 형태로 나타났다. 허리케인이 닥치기 전부터 이미 어려움을 겪고 있던 터라, 트레비노 부부는 허리케인 도착 이전까지 끝내기로 약속했던 일들을 끝낼 수가 없었다. 그 바람에 그들은 가장 큰 고객을 잃었다. 그 결과 거의 3주 후에는 파산

---

*   mom-and-pop. 적은 자본으로 가족이 운영하는 소규모 업체를 말한다.

직전 상태까지 갔다. 최소 7만 5,000달러에서 10만 달러로 추정되는 손실을 봤는데, 전년도 총 매출이 70만 달러가 채 되지 않는 업체 입장에서는 결코 작은 손실이 아니었다.

게다가 K&N 커스텀 그래니트는 워낙 규모가 작은 업체여서 그 손실을 만회한다는 건 거의 불가능했다. 따로 플랜 B도 없어, 하루하루를 버티기 위해 그야말로 사투를 벌여야 했다. 내가 처음 제시카와 거스를 만났을 때는 상황이 너무 안 좋아, 두 사람은 내게 파산 보호 신청과 함께 사업을 접을 생각 중이라고 했다.

그에 대한 내 반응은 이랬다.

"대체 지금 무슨 말씀을 하시는 거예요?"

그들은 아직 사업을 하는 중이지 않았는가? 그들의 사무실 밖에는 화강암들이 쌓여 있었다. 고객들이 찾아와 주문을 하는 데 특별히 걸림돌이 될 만한 것은 없었다.

나는 두 사람에게 말했다. 마지막 돈까지 다 떨어져 아무것도 살 수 없게 되기 전까지, 또 누군가가 찾아와 사무실 문에 자물쇠를 걸기 전까지, 또는 직원들의 급여를 지불할 수 없게 되기 전까지는 사업을 계속해야 한다고. 그게 전부다. 그리고 만일 직원들에게 봉급을 줄 수 없는 상황이라면 두 사람이 제조도 하고 판매도 하고 모든 걸 다 해야 한다고도 했다. 아직은 사업을 하는 중이지 않은가!

또한 나는 트레비노 부부에게 변호사를 고용하는 데 돈을 낭비하지 말라는 말도 했다. 나는 두 사람이 그런 도움 없이도 어려움을 딛고 일어서 내부적인 구조조정을 할 수 있을 거라고 확신했다.

그런 맥락 속에서 나는 그들에게 엄청난 금전적 압박 속에서도 스스로 해낼 수 있다는 걸 절감할 수 있는 한 가지 도전 과제를 부여했다. 두 사람에게 호텔 바의 수방 조리대를 특수한 디자인으로 만들어달라고 부탁한 것이다.

그들은 내 요구에 맞는 제품을 내놓았다. 아주 멋진 가공 솜씨와 색상이 돋보이는 바 주방 조리대였다. 그건 그야말로 내가 원한 주방 조리대였고, 그래서 나는 기쁜 마음으로 두 사람에게 내 카지노들 중 한 곳과 식당 세 곳에 화강암 조리대를 납품할 수 있는 우선권을 주겠다고 제안했다. 20만 달러 상당의 거래였고, 그들은 내 제안을 받아들였다.

거스와 제시카의 이야기에서 우리는 포기하는 게 가장 확실한 답인 것 같은 상황에서 계속 나아가는 행동 뒤에 깔린 중요한 전략을 볼 수 있다. 두 사람은 사업을 접지 않기로 결심했으며, 나는 행복하게도 그 결정에 나름대로 중요한 역할을 했다.

역경에 직면했을 때, 이런저런 상황에 밀려 어쩔 수 없이 문을 닫는 경우가 많은가, 아니면 더 이상 싸우지 않기로 결정하면서 문을 닫는 경우가 많은가?

사업을 계속하라. 마지막 돈까지 다 떨어져 아무것도 살 수 없게 되기 전까지, 누군가가 찾아와 사무실 문에 자물쇠를 걸기 전까지, 또는 직원들의 급여를 지불할 수 없게 되기 전까지.

이는 앞에서 고객 응대에 대해 했던 이야기와 비슷하다. 고객에게 '노'라고 말할 경우, 그렇게 말하는 것은 완전히 통제 불가능한 상황에서 어쩔 수 없는 선택 같은 것일까? 앞서도 설명했듯, 대개 달리 방법이 없어 '노'라고 하기보다는 스스로 선택해서 '노'라고 하는 경우가 많다.

기업의 생명줄을 옥죄는 듯 보이는 문제들을 다루는 경우도 마찬가지다. 달리 방법이 없어 포기하는 것일까, 아니면 스스로 포기를 선택하는 것일까?

포기하는 건 쉽다. 기업을 살리기 위해 쏟아야 할 노력과 치러야 할 희생에 비교하면 특히 더 쉽다. 많은 기업 소유주들은 자신은 할 수 있는 일을 다 했다고 생각하거나, 아니면 그렇게 생각하도록 스스로를 설득한다. 무엇 때문에 극복할 수 없는 듯한 일을 극복하려 애쓸 것인가?

그러나 내가 기업가들에게 종종 하는 말이지만, 당신은 아마 실제 사업을 접기까지 꽤 오랜 시간이 필요하다는 사실에 놀랄 것이다. 물론 이는 어느 날 회사 문을 닫고 모든 걸 정리하는 데 오랜 시간이 걸린다는 뜻은 아니다. 그보다는 더 이상 사업을 할 수 없을 지경에 이르기까지 생각보다 많은 시간이 걸릴 수 있다는 뜻이다. 임대료를 내느라 고군분투해야 할 수도 있고, 자신의 인건비를 포기해야 할 수도 있으며, 평생 해보지도 않은 일들을 해야 할 수도 있다.

여기서 모든 건 다시 발상의 전환과 창의력, 그리고 결정의 문제로 연결된다. 내가 효과를 본 아주 괜찮은 전략이 있는데, 나는 이를 '전략 서랍'이라 부른다. 머릿속의 전략 서랍에 상황이 악화되었을 경우 쓸 수 있는 전략들을 넣어 두고, 필요할 때 꺼내 쓰는 것이다.

당신에게 한 제조업자에게 빚을 진 3만 달러의 부채가 있다고 하자. 당신은 지금 그 제조업자로부터 새로운 제품들을 들여와야 하는데, 그 3만 달러를 갚을 길이 없다. 발상의 전환이 필요한 상황이다. 이럴 때 그 제조업자를 찾아가 이렇게 말하는 것이다.

"지금 당장 3만 달러를 갚을 수는 없지만, 한 가지 대안을 제시할 수는 있습니다. 그리고 제가 다시 제때 지불을 못할 경우에 뜻대로 하셔도 됩니다." 이러면서 다음과 같이 말을 잇는 것이다.

"그러니 지금은 제게 물건을 파셨으면 합니다. 그렇게 해주시지 않으면 저는 문을 닫아야 합니다. 그러나 제게 물건을 주신다면, 앞으로 12개월간 매월 2,500달러씩 갚겠습니다. 그럼 밀린 돈은 다 받게 되시는 거죠. 하지만 그렇게 해주지 못하신다면, 저는 그 3만 달러를 갚을 길이 없습니다."

이런 것이 바로 고정관념을 깨는 사고다. 다른 사람과의 거래에서 괜찮은 결정을 내리는 비결들 가운데 하나는 늘 어떻게 하면 상대에게 이익이 될까 생각해보는 것이다. 간단한 시나리오 아닌가. 양쪽 다 이기든가 양쪽 다 지는 게임.

제조업자가 당신의 제안을 받아들였다고 치자. 다음에는 석 달치 임대료가 밀린 상태에서 부동산 주인과 거래를 해야 하는 상황을 생각해보자. 이번에도 역시 양쪽 다 이기는 거래를 해보도록 하라. 앞으로 3개월간 임대료를 50퍼센트 깎아줄 수 없느냐고 물어보라. 덧붙여 1년간 말미를 준다면 밀린 석 달치 임대료의 경우도 제조업자에게 제안한 것과 같은 방식으로 해결할 수 있다고 말해보라. 이때 고정관념을 깨는 과감한 조건은 이것이다. 단 한 달이라도 약속을 지키지 못할 경우 쫓아내도 아무 말 없이 나가겠다는 합의서에 서명하겠다고 하는 것이다. 사무실이나 공장 문에 자물쇠를 잠글 필요도 없고 보안관보를 데려올 필요도 없이, 당신이 그냥 나가고 그걸로 끝이라는 것이다.

위험한 거래일까? 물론이다. 그러나 창의적인 사고와 확고한 결심은 당신이 꾸준한 사람일 경우 써먹을 수 있는 가장 강력한 두 무기다.

결론은 이렇다. 스스로 늘 정상으로 오르는 길이 중간중간 끊이지 않고 곧게 이어지는 경우는 거의 없다는 것.

집을 나서서 먼 길을 가면서 내내 아무 장애물도 없이 편히 가리라고 기대했는가? 지금은 모든 게 예상보다 더 암울해 보일 수도 있는데, 잊지 마라. 먼 길을 가다보면 누구에게나 종종 정말 힘든 순간들이 온다.

그런 순간에는 다른 사람들에게 도움과 조언을 받는 게 필요할 수 있다. 앞서 말한 트레비노 부부의 경우도 그랬다. 다른 기업가들과 이야기를 나눠보거나, 객관적인 관점에서 조언을 해줄 사람들의 의견을 들어보는 것도 좋다. 사업과 관련해 올바른 결정을 내리는 데 도움이 될 수 있다.

그러나 다른 사람들의 조언이 아무리 도움이 된다 해도, 황소 같은 리더들은 가장 믿을 만한 조언자는 바로 자신이라는 걸 잘 안다.

더 이상 다른 선택의 여지가 전혀 없을 때까지는 포기하지 마라. 계속 펀치를 날려라.

장담컨대 그러다 보면 스스로 놀라게 될 것이다. 당신은 스스로 생각하는 것보다 훨씬 더 큰 잠재력을 갖고 있다.

그리고 늘 잊지 마라. 당신이 갖고 있는 최고의 자산은 바로 당신 자신의 본능 내지 직감이다.

릴만의 목표

- 리더들은 힘들 때일수록 빛을 발한다.
- 꾸준함은 소중한 능력이다. 계속 펀치를 날려라.
- 늘 발상의 전환을 시도하라.
- 상황이 어려울 때 오히려 기본에 충실하라.
- 늘 황소 같은 사람이 되라.

"자, 이제 무엇을 해야 할까?"

이 책을 끝낼 때가 다 되어가니 한 가지 고백을 해야겠다.

이 책 제목을 결정하려 할 때, 우리는 먼저 이 책의 여러 중요한 내용들을 한 마디로 담아낼 말을 찾아내기 위해 이리저리 많은 생각을 했고 많은 사람들의 의견도 들었다.

그 다음에 우리는 내 성격이 반영된 나다운 제목을 달고 싶었다. 그런 면에선 성공한 것 같다.[*]

이렇게 제목을 지은 또 다른 이유는 한 가지 점이 아주 신경이 쓰였기 때문이다. 그리고 좋든 싫든 그것은 일종의 좌절감 같은 것이었다.

나는 자신의 사업을 한 단계 끌어올리려 하는 기업가들에게 내

---

[*] 이 책의 원제는 《Shut up and Listen!》, 즉 '닥치고 들어!'다.

가 경험하고 배운 것들을 전부 나누려 했고, 또 그밖에 내가 나눌 수 있는 모든 걸 나누려 하지만 사람들은 이런저런 이유로 내 조언을 가슴에 담아두지 않았다. 그게 내게 얼마나 큰 좌절감을 안겨주었는지 모른다.

내가 연 매출 40억 달러를 상회하는 기업을 소유하고《포브스》지 선정 미국 400대 부자 리스트에 이름을 올릴 수 있었던 이유는 록펠러 가의 후손이기 때문이 아니다. 나는 자수성가한 사람으로 당신처럼 맨바닥에서 시작했다. 각종 장애물을 극복하며 사업을 키워나가는 법, 성공하기 위해서 무엇을 해야 하는지 누구보다도 잘 알고 있다. 그래서 나는 이렇게 소리 지를 자격이 있다.

"아, 좀 닥치고 들어봐!"

허영심이 아니다. 거만 떠는 것도 아니다. 내 아이디어와 전략은 효과적이었다. 이 책을 읽는 당신한테도 분명 도움이 될 것이다.

나는 35년 넘게 사업을 해오면서 경험하고 습득한, 성공에 도움이 되는 아이디어와 전략을 이 책에 전부 털어놓았다. 이 책에서의 내 역할은 당신이 사업을 키우도록 돕는 것, 그리고 자칫 큰 대가를 치를 수도 있는 이런저런 실수를 저지르지 않도록 해주는 것이다.

그리고 사업을 하면서 이런저런 실수로 큰 대가를 치르고 싶지 않다면, 다음 구절과 아이디어들을 두고두고 되뇌어라. 이는 이 책

의 여기저기에 등장해 당신의 눈을 사로잡았을 것이다. 내 친구들
은 이를 두고 '틸만주의^{Tilmanisms}'라고 부른다.

"당신은 자신이 무엇을 하고 있는지 잘 안다고 생각하겠지만,
사실 당신은 자신이 무엇을 모르고 있는지 잘 모른다."

"행복을 연출하라!"

"일정을 짤 때 만일의 경우에 대비해 몇 시간 또는 며칠의 여유
를 두어라. 그렇게 잡은 약속은 하늘이 무너져도 지켜야 한다."

"고객에게 '예스'라고 할 수 있는 상황에서 왜 그리들 쉽게 '노'
란 말을 하는 걸까?"

"스페어 고객이란 없다."

"사업의 규모가 작다면, 대개 운전자본이라는 문제에 직면하
게 된다. 모든 비용을 선불로 지불하고, 대금은 후불로 받기 때
문이다."

"경기 침체기에 약한 기업을 삼켜 사업을 키워라."

"숫자를 알라. 숫자는 거짓말을 하지 않는다."

"자기 자신에게 최대한 솔직하라. 자신이 무엇에 뛰어나고 무엇이 부족한지를 정확히 파악하라."

"당신과 똑같은 걸 잘하는 사람과는 절대 함께 사업하지 마라."

"당신은 지금 마라톤을 하려 한다면서, 뛰는 건 고사하고 걸수 있다는 것조차 증명하지 못하고 있다."

"어떤 상황에서든 황소가 되라."

"고문들의 고문을 받다가 파산할 수도 있다."

"실제 침대에 있지도 않은 머리를 보여주지 마라."

"질문을 하는 사람은 자신이 모르는 것에 대해 물어볼 수 있는 겸손함이 있기 때문에, 방 안에서 가장 똑똑한 사람일 확률이 높다."

"자신의 지위가 워낙 높아 직원들에게 직접 무언가를 가르치기 어렵다는 생각은 절대 금물이다. 매일, 직접 나서서 직원들에게 무언가를 가르쳐야 한다. 그리고 남들에게 가르치는 만큼 배울 수 있다."

"변화를 예측함으로써, 단순히 시대에 맞춰 변화하는 게 아니라 시대 그 자체를 변화시킬 수 있다."

"뛰어난 리더가 되는 방법 중 하나는 자신보다 유능한 사람들을 채용하는 것이다. 자신보다 유능한 사람들을 채용한다 해서 그들이 당신 자리를 뺏어가지는 않는다. 그들은 오히려 자리를 지키는 데 도움을 줄 것이다."

"사업을 계속하라. 마지막 돈까지 다 떨어져 아무것도 살 수 없게 되기 전까지, 누군가가 찾아와 사무실 문에 자물쇠를 걸기 전까지, 또는 직원들의 급여를 지불할 수 없게 되기 전까지."

"그리고 물론 '닥치고 들어라!'"

자, 이제 내 말도 끝날 때가 다 되어간다. 이제는 아마 당신도 닥치고 귀 기울이는 것이 얼마나 가치 있는 일인지 잘 알았을 것이다. 자신의 사업은 물론 삶에도 늘 적용해야 할 말이다.

당신이 닥치고 들어주었기 때문에, 이제는 나 역시 닥치고 들을 수 있다.

그리고 오늘도 내일도 그리고 앞으로 몇 년 후에도 계속 사업에 도움이 될 수 있는 전략과 아이디어들을 나눌 수 있도록 기회를 준 것에 감사드린다.

사람들이 말하는 '틸만 페르티타'

마이크 밀켄

마이클 밀켄은 아마 당신도 잘 아는 이름일 것이다. '정크본드의 왕'이라 불리는 그는 채권업계를 혁신한 입지적인 인물이자 내 친한 친구로, 현재는 워싱턴 DC에 있는 아메리칸 드림 센터를 이끌고 있다. 그는 대중에게 어필하는 일의 가치를 잘 알고 있다.

"틸만은 사업이 무언지를 잘 알고 있을 뿐 아니라, 고객들에 대해서도 잘 알고 있다. 다른 사람들의 눈을 통해 세상을 보는 능력 덕이다. 그러나 많은 사람들이 아무도 원하지 않을 제품들을 팔면서 고객들이 그걸 원한다고 생각한다. 그들은 오로지 자신의 눈을 통해 세상을 본다.

그가 라스베이거스에 있는 골든 너겟 카지노&호텔을 인수했을 때, 틸만은 보다 폭넓은 고객들, 보다 폭넓은 시장을 내다보고 있었다. 이미 자리 잡은 시장은 너무 경쟁이 치열했기 때문이다. 그는 애틀

랜틱시티와 미시시피주의 빌럭시에서도 똑같은 일을 했다. 과거의 시장이 아닌 현재 그리고 미래의 시장을 내다본 것이다. 그리고 그런 것들을 사들이면서 틸만은 절대 뒤를 돌아보지 않았다. 고객들이 원하는 게 뭔지를 제대로 알고 있는 것이다.

이는 그가 진행하는 〈빌리언 달러 바이어〉 쇼에서도 드러난다. 그는 아주 직선적으로 사람들에게 있는 그대로를 말하며, 어떤 아이디어들은 통하지 않을 거라고 대놓고 말한다. 시청자들은 그가 순전히 다른 사람들의 희망을 부숴버린다고 생각할지도 모르나, 사실 누군가에게 그가 하려는 일이 너무나도 힘든 일이라는 걸 미리 알게 해주는 것도 아주 중요하다. 통하지도 않을 아이디어 때문에 힘들게 모은 재산을 날릴 위험한 짓은 하지 말라고 충고하는 것이다. 틸만이 그 쇼에서 보여주고 있는 것은 솔직함의 세계, 통찰력의 세계, 지혜의 세계로, 이것들은 사업을 하고 있는 사람들은 물론 앞으로 사업을 할 생각을 하고 있는 사람들에게도 도움이 될 것이다. 틸만은 아메리칸 드림을 실현한 대표적인 인물이다."

스콧 켈리

스콧 켈리는 은퇴한 우주비행사이자 베스트셀러 《인듀어런스: 우주에서 보낸 아주 특별한 1년 Endurance: My Year in Space, a Lifetime of

Discovery》의 저자이기도 한데, 이 베스트셀러에서 그는 자신이 우주에서 보낸 1년을 자세히 서술하고 있다(또한 모든 걸 멋지게 만들어주는 5퍼센트에 대해 이야기하고 있기도 하다).

언젠가 그와 함께 시간을 보낼 때, 나는 한 업체의 '5퍼센트'를 잡아낸 적이 있다.

"틸만과 나는 함께 술을 마시고 있었다. 그 술집 바텐더는 얼핏 보기에도 자신이 하는 일에 아주 자부심이 많은 프로다운 바텐더였다. 그는 작은 유리잔으로 양을 재지도 않고 바로바로 보드카를 우리 잔에 따라주었다.

'지금 우리한테 따라준 보드카의 양이 얼마나 됩니까?' 틸만이 의심스럽다는 표정으로 바텐더에게 물었다. 바텐더는 정확히 2온스라고 대답했다. 그리고 틸만의 요청에 따라 술의 양을 재는 작은 계량 유리잔으로 재지 않고 바로 술잔에 보드카를 따랐다.

'계량 유리잔 하나 갖고 와보시죠.' 틸만이 제안했다. 바텐더는 그렇게 했다. 그리고 보드카를 그 유리잔에 따랐다. 그런데 유리잔 안에 보드카가 꽉 차지 않았다. 바텐더는 너무도 자신 있게 2온스씩 따르고 있다고 했지만, 실제는 그렇지 않았던 것이다.

틸만이 대체 어떻게 그 바텐더가 보드카를 정해진 양만큼 따르지 않고 있다는 걸 알았는지 모르겠지만, 어쨌든 그런 게 그가 성공한 이유들 중 하나였다. 문자 그대로 아무리 사소한 것들도 그에게는 사소한 일이 아니다."

리치 핸들러

월가 소재 투자 기업인 제퍼리스 그룹의 최고경영자인 내 친구 리치 핸들러^{Rich Handler}는 우정의 가치를 잘 안다. 리치와 나는 자금을 빌리기가 너무도 힘들던 때에 처음 만났다. 그 덕에 우리 우정은 더 공고해져 오늘날까지도 이어지고 있다.

"우리는 금융위기가 한참일 때 만났다. 그 당시에는 자본 시장이 전혀 제 기능을 못하고 있었다. 우리는 그를 지원할 방법을 찾아내려 애썼다. 그러면서 다른 한편으론 그와 개인적인 친분도 쌓아갔다. 틸만의 경우, 사업과 삶은 그야말로 서로 뒤엉켜 있다. 우리는 그를 도와주었고, 그는 엄청난 신의로 그 보답을 했다."

리치는 사업과 개인적인 인간관계를 전혀 별개의 것으로 보는 사람들은 엄청나게 강력한 사업 수단을 놓칠 수 있다며 이렇게 덧붙인다.

"모든 걸 업무적으로 생각하는 사람들은 우정의 중요함을 보지 못
한다. 당신이 사업적으로나 개인적으로 틸만의 친구라면, 그가 믿
을 수 없을 만큼 신의가 있는 사람이라는 걸 안다. 그건 결국 틸만
자신에게도 도움이 되고 친구에게도 도움이 된다."

데이브 잭킨

데이브 잭킨Dave Jacquin 은 노스 포인트 어드바이저즈의 설립자이
다. 노스 포인트 어드바이저즈는 미국에서 인수 합병들 중 하나를
통해 생겨난 투자 은행으로, 나는 여러 해 동안 그들과 함께 일해오
고 있다. 이 책에서도 누차 말했듯 나는 늘 헝그리 정신을 유지하려
애쓰는데, 때로 데이브는 그런 나를 잘 이해하지 못하지만, 동시에
내가 다른 사람들의 본보기가 된다는 사실 역시 안다.

"내가 보기에 틸만은 마치 마이클 조던 같다. 내가 틸만이라면, 그
리고 그렇게 많은 돈이 있다면, 나는 아마 그처럼 하지는 못할 것 같
다. 그는 절대 멈추지 않는다. 그는 늘 이런저런 모험을 하고 또 그
결과를 내놓는다. 그는 모든 면에서 가치를 만들어낸다. 그리고 꼭
그 결실을 거둔다.
틸만은 내가 아는 사람들 가운데 가장 열심히 일하는 사람이다. 그

는 그런 면에서 정말 모범이 된다 그런 그를 따라갈 수 없다면 그와
같은 팀이 될 수 없다."

그러나 부지런한 것보다 훨씬 더 중요한 것은 사람을 챙기는 그
의 능력이라며 데이브는 이런 말을 덧붙인다.

"나는 1년 전쯤에 심장 절개 수술을 받았는데, 의식이 돌아와 보니
틸만이 침대 끝에 앉아 있었다."

알 루이스

황소 같은 리더는 다른 모든 사람들과 공통점을 찾으려 애쓰며,
현재는 물론 미래에도 다른 사람들과 긍정적인 관계를 유지해야
성공할 수 있다는 사실을 잘 안다. 그리고 가장 소중한 우정들 중
일부는 한때 전혀 친하지 않고 오히려 다소 적대적이었던 사람과
의 사이에서 생겨난다.

약 15년 전에 나는 재정 상황이 아주 안 좋던 덴버 아쿠아리움
Denver Aquarium 을 인수했다. 그 당시 나는 그 아쿠아리움에 세금을
때리려는 덴버시 당국과 의견 갈등을 빚고 있었다. 그러던 어느 날,
랜드리스가 상장 기업이던 시절에 화상회의를 하다가 나는 덴버시

에서 재산세를 낮춰주지 않는다면 그 아쿠아리움을 불도저로 밀어
버리겠다고 위협했다. 내 말에 힘을 싣기 위해 좀 과장된 말을 한
것이다.

알 루이스 ^{Al Lewis} 가 내 삶에 처음 등장한 건 바로 그때다.

《덴버 포스트 ^{The Denver Post}》지의 비즈니스 전문 칼럼니스트였던
그는 나를 힐난했다. 그는 나를 '배불뚝이 잉어' 또는 '욕심 많은 시
푸드 카우보이'라 불렀다. 그는 내게 아주 강력한 어조로 고향인 텍
사스에 돌아가라고 윽박지르기도 했다.

1년 후 덴버 아쿠아리움은 다시 문을 열었다. 대대적인 리모델
링에 2,000만 달러가 투입됐고 고급 식당 등 매력적인 시설들이 추
가됐다.

나는 알 루이스의 칼럼에 대해 특별히 적대심을 가질 일이 아니
라 여겼기 때문에 오프닝 행사에 알 루이스도 초대했다. 그리고 고
맙게도 그는 그 오프닝에 참석해줬다.

1년이면 모든 게 변할 수 있다. 알은 덴버 아쿠아리움에 대한 후
속 칼럼에서 나를 덴버 아쿠아리움을 '구한' 사람이라고 불렀다. 오
프닝 행사 때 잠시 나와 함께 시간을 보낸 그는 《덴버 포스트》에
이렇게 썼다. "나는 키싱구라미처럼 뽀뽀를 하고 싶을 만큼 그와
친해졌다."

어떤 일이 있었던 거냐고? 나는 그가 저널리스트로서 해야 할 일

이 있다는 걸 인정했고, 그도 내가 기업가로서 해야 할 일이 있다는 걸 알아준 것이다.

그 오프닝 행사날 저녁 그가 물었다.

"제가 배불뚝이 잉어라고 했을 때 화나지 않았나요?"

"당신 직업이 흥미를 끌 만한 기사들을 쓰는 건데요 뭐."

나는 그와 내가 비슷하다면서 다음과 같이 덧붙였다.

"나는 내가 세무 당국과 각을 세우면 관심을 끌리라는 걸 알았고, 당신 역시 그런 기사를 쓰면 관심을 끌리라는 걸 알았어요. 그런 점에서 당신과 나는 아주 비슷합니다."

몇 년 후 알과 나는 다시 만났다. 그는 《휴스턴 크로니클》에서 비즈니스 전문 에디터로 일하고 있었다. 그 이후 그는 곧 그 신문에 다음과 같은 칼럼을 썼다. "누군가 당신을 놀리거나 당신에게 정면 도전한다면, 분명 당신한테 관심이 있는 것이다. 혹시 아는가? 그런 사람이 나중에 당신한테 도움을 주게 될지?"

그리고 그 칼럼에서 알은 나를 '잉어'나 '상어'라 부르지 않고 '엔젤피시'라 불렀다.

거래를 해야 하는 사람들과 당신 사이에는 공통점이 그리 많지 않을 가능성이 크다. 그러나 언제든 가능한 한 많은 공통점을 찾는 게 좋다. 상대방의 입장에 서서 생각하려고 해보라. 친구들이 많은 것은 사업에서 성공하는 데 가장 소중한 장점들 중 하나일 수 있기 때문이다. 그러나 적은 거의 그렇지 못하다.

에이브러햄 링컨은 이런 사실을 잘 알고 있었다. 한번은 그가 적들에게 너무 관대하다는 비판을 받았는데, 그러자 그는 자신은 적들을 '섬멸'할 거라고 했다.

어떻게? 자신의 적들을 친구로 만듦으로써.

마크 켈리

가까스로 목숨을 건지긴 했지만, 몇 해 전 애리조나 주 국회의원 가브리엘 기포즈 Gabrielle Giffords (애칭은 '개비'다)가 총탄을 맞고 쓰러진 적이 있다. 그녀는 내 친구인 마크 켈리 Mark Kelly (스콧 켈리의 쌍둥이 형제이며 역시 우주비행사다)의 아내다. 나는 마크와 그의 가족을 애리조나로 데려다주기 위해 서둘러 조치를 취했다.

비행기가 하늘을 나는 동안 나는 CNN 방송을 보고 있었다. 그때 갑자기 개비가 세상을 떴다는 뉴스가 나왔다. 하지만 비행기를 타기 전 마크는 내게 개비가 안정을 되찾았으며 머리 부상 수술을 받고 있다고 했었다. 머리 외의 다른 주요 장기는 전혀 손상되지 않았기 때문에, 그녀가 죽는다는 건 말도 안 되는 소리 같았다. 나는 마크가 비행기에서 그 뉴스를 보고 있으리라는 걸 알고 있었고, 그래서 즉시 그에게 연락해 개비는 100퍼센트 살아 있다고 말했다.

그러나 보다 중요한 건 당시 나는 직감적으로 그 뉴스가 오보라는 걸 알 수 있었다는 것이다. 그리고 그런 내 직감력은 마크도 인정했다.

"틸만은 내게 자신은 개비가 아직 살아 있다는 걸 안다고 했는데, 정말 그랬다. 그의 삶을 들여다보면 여기저기서 이와 같은 그의 단호함과 뛰어난 직감력이 보인다. 그는 또 다른 사람들의 눈을 통해 세상을 보는 신기한 능력이 있고, 사람들이 무엇을 원하는지 잘 안다."

레누 카토르

휴스턴대학교는 레누 카토르Renu Khator 총장의 지휘 아래 끊임없는 변화를 추구해왔다. 그녀의 재임 기간 동안 휴스턴대학교는 기록적인 연구 기금 조달 및 입학생 증가는 물론 기타 학문적 업적들을 경험했다. 그리고 나는 운 좋게도 지난 5년간 이 대학의 교육위원회 위원장으로 일하면서 그 모든 일에 일조해왔다. 카토르 총장과 나는 더 나은 것들을 지향하는 변화의 힘을 확신한다.

"틸만이 교육위원회 위원장으로 있은 지난 5년간 우리 대학은 전례

없는 변화를 겪었다. 틸만은 공공기관의 리더로 너무나 적합하다. 그는 꼭 필요한 질문들만 하며, 늘 제대로 된 방향을 제시해준다. 그의 비전은 거대하고 강력하며 대담하며, 그 누구도 생각도 못한 그런 멋진 아이디어들을 내놓는다."

카토르 총장이 말하는 그 멋진 아이디어들 중 하나가 바로 2018년에 고등 교육 기관이 전무한 텍사스주 케이티에 캠퍼스를 짓자는 아이디어였다.

"당시 틸만은 이런 말을 했다. '그래도 그곳 사람들은 앞으로 10년, 20년 후에도 거기 살 겁니다.' 그는 그 사람들에게 적절한 교육을 제공하는 게 얼마나 중요한 일인지를 잘 알고 있었다."

나는 인구가 급증하고 있는 지역들의 문제를 해결하기 위해서는 대학 프로그램들을 확대하는 게 필수적이라고 느꼈기 때문에 이와 같은 제안을 한 것이다. 이는 대중에게 필요한 제품을 제공한다는 아이디어와 다를 것이 없다.

마찬가지로 휴스턴대학교의 미식축구 프로그램의 경우 오랫동안 보다 규모가 크고 현실적인 프로그램이 필요하다고 믿어져왔다. 그래서 총장과 위원회는 휴스턴대학교와 유망한 인재들 간에 상호신뢰를 구축하기 위한 새로운 프로젝트를 실시했다.

"틸만이 말했다. '우리 대학의 사업 모델을 바꾸죠. 대학과 코치들 간에 진정한 신뢰가 구축되게 말이죠.'

그는 우리가 하는 모든 일의 효율성을 높였다. 교육위원회 운영 역시 예외는 아니다. 사람들은 이제 철저한 준비를 한 채 회의에 참석하는데, 이는 공공기관에서 늘 볼 수 있는 일은 아니다.

틸만의 가장 큰 장점을 꼽으라 한다면, 나는 그의 공감 능력을 꼽고 싶다. 예전에 자살을 시도했던 한 학생이 있었다. 그때 틸만은 4시간 간격으로 내게 메시지를 보내 그 학생의 안부를 물었다. 그는 사람들은 단순한 숫자들이 아니라는 걸 잘 알고 있었고, 그래서 늘 마음 깊이 학생들과 연결되어 있다.

어쨌든 모든 일을 사업적인 관점에서 보는 틸만 덕에, 휴스턴대학교는 이전과는 전혀 다른 궤도를 달려왔다."

부자 탄생 시크릿

초판 1쇄 발행 2020년 4월 8일
개정 1쇄 인쇄 2023년 11월 8일
개정 1쇄 발행 2023년 11월 17일

지은이 | 틸만 페르티타
옮긴이 | 엄성수
펴낸이 | 金滇珉
펴낸곳 | 북로그컴퍼니

주소 | 서울시 마포구 와우산로 44(상수동), 3층
전화 | 02 - 738 - 0214
팩스 | 02 - 738 - 1030
등록 | 제2010 - 000174호

ISBN 979 - 11 - 6803 - 073 - 2 03320

·잘못된 책은 구입하신 곳에서 바꿔드립니다.

시목始木은 (주)북로그컴퍼니의 인문·경제경영 브랜드입니다. 지혜의 숲을 가꾸기 위한 첫 나무가 되도록 한 권 한 권 정성껏 만들겠습니다.